Bibliografische Information der Deutschen Nationalbibliothek:

Die Deutsche Bibliothek verzeichnet diese Publikation in der Deutschen National-
bibliografie; detaillierte bibliografische Daten sind im Internet über http://dnb.d-
nb.de/ abrufbar.

Impressum:

Copyright © 2017 GRIN Verlag, Open Publishing GmbH
Druck und Bindung: Books on Demand GmbH, Norderstedt Germany
ISBN: 9783668611450

Dieses Buch bei GRIN:

https://www.grin.com/document/387020

Anonym

Aus der Reihe: e-fellows.net stipendiaten-wissen

e-fellows.net (Hrsg.)

Band 2648

Einsatz von Enterprise Social Networks in Relation zu Wissensmanagement-Modellen

GRIN Verlag

GRIN - Your knowledge has value

Der GRIN Verlag publiziert seit 1998 wissenschaftliche Arbeiten von Studenten, Hochschullehrern und anderen Akademikern als eBook und gedrucktes Buch. Die Verlagswebsite www.grin.com ist die ideale Plattform zur Veröffentlichung von Hausarbeiten, Abschlussarbeiten, wissenschaftlichen Aufsätzen, Dissertationen und Fachbüchern.

Besuchen Sie uns im Internet:

http://www.grin.com/

http://www.facebook.com/grincom

http://www.twitter.com/grin_com

Einsatz von Enterprise Social Networks in Relation zu Wissens- management-Modellen

Facharbeit

an der Hochschule Reutlingen

im Studienprogramm MSc Digital Business Management

Datum der Abgabe: 31.08.2017

Inhaltsverzeichnis

Abkürzungsverzeichnis

AJAX   asynchrones Javascript and XML

Aufl.   Auflage

BITKOM Bundesverband Informationswirtschaft, Telekommunikation und neue
Medien e. V.

bzw.   beziehungsweise

E-Mail   Electronic Mail

ESN   Enterprise Social Networks

et al.   et alii

etc.   et cetera

ggf.   gegebenenfalls

IBM   International Business Machines Corporation

IT   Informationstechnik

o.ä.   oder ähnliches

S.   Seite

u. a.   unter anderem

usw.   und so weiter

vgl.   vergleiche

WWW   World Wide Web

z. B.   zum Beispiel

Abbildungsverzeichnis

Tabellenverzeichnis

1 Einleitung

Schon seit der Jahrtausendwende begreifen wir unsere gesellschaftliche Entwicklung als „Gegenwartsgesellschaft ...[der] Informations-, Kommunikations-, oder Wissensgesellschaft." (Heidenreich 2000, S. 107). Die rasante Entwicklung von neuen Geschäftsmodellen, Fusionen und neuen technischen Möglichkeiten unterliegen einer steigenden Dynamik. Diese Dynamik verstärkt sich weiterhin durch die digitale Transformation. Die Wissenschaft hat schon in den neunziger Jahren erkannt, dass sich die Gesellschaft zu einer Wissensgesellschaft weiterentwickelt aufgrund von technischen und wirtschaftlichen Entwicklungen, aber auch durch den rasanten Wachstum der Informations- und Kommunikationstechnologien (Stehr 1994). Die Entwicklung schreitet bis heute fort. Während dem Aufkommen der Digitalisierung haben sich meist nur die technologischen Vorreiter oder neue Unternehmen / Start-ups intensiv mit neuen Möglichkeiten digitaler Innovationen beschäftigt. Ein großer Teil der traditionellen Unternehmen ist sehr verhalten bezüglich Innovationen und dem Wandel in eine digitale Gesellschaft. Viele Unternehmen haben erkannt, dass sie nur überlebensfähig bleiben und sich gegenüber der Konkurrenz behaupten können, wenn sie ebenfalls Innovationen hervorbringen können, und tradierte Geschäftsmodelle, die im vergangenen Jahrhundert noch funktionierten, überholen oder durch neue ersetzen. Als zentrale Ressource für dieses Vorhaben ist Wissen ein unverzichtbares Element.

Wissens ist deshalb so komplex, da bis heute verschiedene Definitionen von Wissen bestehen und immer noch keine einzig konkrete Definition von Wissen besteht (Schreyögg und Geiger 2016). Zu Beginn des Jahrtausends wurde bereits erkannt: „Qualitative Weiterentwicklungen der jeweiligen Wissensbestände und innovative Ideen entstehen künftig weniger innerhalb einzelner Systeme, Organisationen, Institutionen, sondern im ‚Dazwischen' der Netzwerke." (Howaldt 2002, S. 48). Mittlerweile haben sich diese Entwicklungen in sogenannter Social Software im privaten Gebrauch, aber auch in der Geschäftswelt etabliert. Social Software hat dadurch den Gebrauch und das Management von Wissen immens verändert (Von Krogh 2012). Wissen ist eine dynamische Ressource, denn sie kann einerseits durch Kombination mit anderen expliziten Wissensquellen neue Erkenntnisse hervorbringen und andererseits kann ihre Haltbarkeit begrenzt sein: „Deshalb ist eine Wissensgesellschaft nicht nur durch die Zunahme von Wissen, Fachkompetenz und Innovationen, sondern auch durch die Zunahme von Ungewissheit, Risiken und Ambiguitäten gekennzeichnet" (Heidenreich 2000, S. 106). Diese Entwicklungen machen es notwendig den Umgang mit Wissen zu professionalisieren, um gleichzeitig Innovation und Weiterentwicklung voranzutreiben und Risiken und Unsicherheiten kontrollieren zu können. Social Software wurde für geschäftlichen Gebrauch weiterentwickelt in sogenannten „Enterprise Social Networks". Heute sind diese Netzwerke ein fester Bestandteil in vielen Unternehmen. Viele große Unternehmen benutzen bereits seit einigen Jahren Enterprise Social Networks (nachfolgend auch als ESN abgekürzt) wie z. B. die Deutsche Telekom (Degenhardt 2013).

1.1 Ziel

Social Networks erfreuen sich seit Mitte der 2000er einer kontinuierlichen Popularität. Heute noch ist Facebook mit 55 % Marktanteil der führende Anbieter von Social Networks im privaten Gebrauch (Shahd 2016). Rund 2/3 der Internetnutzer sind in sozialen Netzwerken aktiv (Shahd 2016). Bei den 14- 49-jährigen sind es sogar 4 von 5 Internetnutzern, die dort aktiv sind. Diese starke Nutzung der sozialen Netzwerke hat zur Folge, dass sich Unternehmen auch vermehrt in den sozialen Netzwerken aufhalten oder sogar selbst welche betreiben. Vor allem als Marketing-Tool für Werbung oder für Customer-Relations werden soziale Netzwerke als direkter Kanal genutzt. Rund drei von vier von Unternehmen der deutschen Wirtschaft nutzen soziale Netzwerke aktiv (BITKOM 2015). Während zu Beginn die Kommunikation mit den Kunden im Fokus stand, wird zunehmend auf die Synergien von Social Networks auch im betrieblichen Intranet gesetzt. Insbesondere für die Kommunikation zwischen den Mitarbeitern (BITKOM 2015). Aufgrund von Datenschutz und anderen Workflows setzen viele Unternehmen auf soziale Netzwerke, die für den Einsatz in Unternehmen konzipiert wurden. Als führende Anbieter in dem Segment der Enterprise Social Networks gelten Microsoft, IBM, Jive und Salesforce (Gotta et al. 2015). Ziele des Einsatzes von Enterprise Social Networks sind es nicht nur bessere Workflows und damit eine größere Produktivität zu schaffen, sondern auch durch verschiedene Arbeitsweisen die Kreativität von Mitarbeitern zu fördern und so eine innovative Kultur in Unternehmen anzuregen (Degenhardt 2013).

Nach eingehender Literaturrecherche beschäftigen sich die meisten wissenschaftlichen Arbeiten nur mit einem Schwerpunkt-Thema. Entweder stehen Enterprise Social Networks bzw. Social Software im Fokus oder es wird sich nur auf das Wissensmanagement als wissenschaftliche Disziplin konzentriert. Die Verknüpfung beider Bereiche gilt als zielführend, da sich in der nachfolgenden Arbeit zeigt, dass bestehende Modelle des Wissensmanagements ideal umgesetzt werden können durch den operativen Einsatz eines Enterprise Social Network. Diese Arbeit beschäftigt sich daher mit den folgenden Forschungsfragen:

- Welche Anforderungen werden aus Sicht des Wissensmanagements an Enterprise Social Networks gestellt?
- Welche Funktionen von Enterprise Social Networks sind für die Realisierung dieser Anforderungen wesentlich?
- Welche Faktoren auf Organisationsebene sind für die Umsetzung dieser Anforderungen in einem Enterprise Social Network wesentlich?

Die Forschungsfragen wurden sowohl deskriptiv und als auch empirisch bearbeitet mit der hermeneutischen Methode und einer qualitativen Befragung in Form von Experteninterviews. Diese Arbeit soll aufzeigen inwieweit wissenschaftliche Theorien zum Wissensmanagement im Einklang mit der tatsächlich gelebten Praxis im beruflichen Alltag stehen. Darüber hinaus wird beleuchtet welche Anforderungen und in welcher Form in einem Enterprise Social Network erfüllt werden können. Der Abschluss der qualitativen Befragung soll ergeben, welcher Ansatz im Wissensmanagement die größte Relevanz in der Praxis hat und zum Einsatz geeignet ist. Darüber hinaus sollen die nötigen Führungsstrukturen reflektiert werden. Einerseits werden hier bisherige Erkenntnisse und Modelle der Wissenschaft vorgestellt und andererseits werden die Experten dezidiert zu Führungsstrukturen in der Praxis bezüglich eines Enterprise Social Networks befragt.

1.2 Aufbau

Im folgenden Abschnitt soll auf die einzelnen Kapitel eingegangen werden und eine kurze Erläuterung zu den jeweiligen Inhalten gegeben werden. Insgesamt besteht diese Arbeit aus fünf Kapiteln:

- Einleitung
- Wissensmanagement
- Enterprise Social Networks
- Verknüpfungen zwischen Wissensmanagement und Enterprise Social Networks
- Resümee

Nachdem das erste Kapitel mit diesem Abschnitt beendet wird, thematisiert das zweite Kapitel die Grundlagen von Wissensmanagement. Um ein besseres Verständnis für die einzelnen Modelle des Wissensmanagements zu erhalten, werden vorab Grundlagen vermittelt. Dazu zählen die begrifflichen Abgrenzungen von Wissen, Träger von Wissen und die Kategorisierung. Im Anschluss dazu werden drei Ansätze des Wissensmanagements dargestellt. Nach einer kurzen Zusammenfassung wird auf die einzelnen Prozessschritte der jeweiligen Ansätze eingegangen. Diese genaue Betrachtung ist wichtig, da im späteren Experteninterview diese Prozesse einzeln bewertet werden von den Experten.

Anschließend wird im dritten Kapitel auf die Besonderheiten eines Enterprise Social Networks eingegangen. Dabei werden historische Entwicklungen beleuchtet wie z. B. das Web 2.0 und Social Software hin zu der Definition von ESN. Darüber hinaus werden die konkreten Funktionen von ESN beleuchtet und einige Anbieter aus der Praxis vorgestellt, die den ESN-Markt anführen. Abschließend wird das Thema der Aufbauorganisation in einem ESN thematisiert. Es geht dort unter anderem um die Benutzergruppen von ESN und mögliche Strukturen eines Community-Managements.

Im vierten Kapitel sollen die beiden vorangegangenen Themenbereiche miteinander verknüpft werden. Erkenntnisse sollen insbesondere durch die Expertenbefragungen gewonnen werden. Vorab wird die Methodik erläutert mit den Rahmenbedingungen der empirischen Erhebung. Anschließend werden die Ergebnisse der Befragung konsolidiert und Zusammenhänge und Abweichungen aufgezeigt. Nach der Betrachtung der einzelnen Modelle findet anschließend ein kurzes Resümee der Befragung statt. Thematisch abgeschlossen wird das Kapitel durch die Befragung bezüglich der Aufbauorganisation, die bereits theoretisch im vorangegangenen Kapitel thematisiert wurde.

Das fünfte Kapitel soll den Abschluss dieser Arbeit bilden. Es werden die wichtigsten Erkenntnisse dieser Arbeit zusammengefasst und eine Verbindung zwischen Theorie und Praxis hergestellt. Die gewonnen Erkenntnisse werden kritisch reflektiert und bieten so eine Orientierungshilfe für den Einsatz von Enterprise Social Networks in Zusammenhang mit professionellen Wissensmanagement in Unternehmen bzw. Organisationen.

2 Wissensmanagement

2.1 Begriffliche Abgrenzungen

Eine allumfassende Definition von Wissen zu finden, die allgemeingültig genannt werden kann, ist zum heutigen Zeitpunkt nicht möglich. Grund hierfür ist die unterschiedliche Fokussierung des Begriffes in den jeweiligen Disziplinen der Wissenschaft, wie z. B. der Psychologie, Philosophie oder auch Informatik (Al-Laham 2016). Einige Experten auf dem Gebiet des Wissensmanagements unterstützen die Aussage, dass es keinen allgemeingültigen Konsens des Begriffs Wissen gibt (Reinmann-Rothmeier 2016); (Werner 2004).

So einig wie sich die meisten Autoren mit der Vielfältigkeit des Begriffes sind, so unterschiedlich sind auch die Herangehensweisen an eine Definition. Im Hinblick auf den Zusammenhang zwischen Wissensmanagement und Enterprise Social Networks, erscheint die Kategorisierung von Wissen als eine sinnvolle Annäherung an die Begrifflichkeit. Schreyögg & Geiger (2016) kategorisieren demnach in den kompilativ pragmatischen Wissens-Begriff und den informationstechnischen Wissens-Begriff. Ersterer charakterisiert sich durch Handlungen bei dem sich Wissen vor allem deshalb auszeichnet, weil diese Handlungen von Emotionen, Normen und Fähigkeiten geprägt sind. Letzterer definiert Wissen durch Zeichen, Informationen, Daten und Wissen an sich. Nonaka & Takeuchi (2012) weisen darauf hin, dass die Begriffe nur schwer voneinander abgegrenzt werden können, wenn es um eine genaue Definition von Wissen geht. Erst durch eine sinnvolle Kombination z. B. durch das Anwenden von Syntax lässt eine sinnvolle Abgrenzung zu. Probst et al. fasst den Begriff Wissen aus dieser Perspektive wie folgt zusammen:

„Wissen bezeichnet die Gesamtheit der Kenntnisse und Fähigkeiten, die Individuen zur Lösung von Problemen einsetzen. Dies umfasst sowohl theoretische als auch praktische Alltagsregel und Handlungsanweisungen. Wissen stützt sich auf Daten und Informationen, ist im Gegensatz zu diesen jedoch immer an Personen gebunden. Es wird von Individuen konstruiert und repräsentiert deren Erwartungen über Ursache-Wirkungs-Zusammenhänge." (Probst et al. 2012).

2.2 Wissen kategorisieren

In diesem Kapitel wird an die Begrifflichkeit Wissen näher angeknüpft. Da sich eine genaue Definition als schwierig herausstellt, wird häufig in der Literatur zum Wissensmanagement in Kategorien eingeteilt. Eine etablierte Kategorisierung erfolgt in explizites und implizites Wissen, als auch in individuelles und kollektives Wissen.

Als explizites Wissen kann jene Art beschrieben werden, die Wissen in einer systematischen Sprache übermittelt, das heißt z. B. als Anwendung, Dokument oder Datenbank. Explizites Wissen gilt dadurch als unabhängig von Person, Ort und Zeit (Nonaka und Takeuchi 2012). Vor allem die Komponente der Personengebundenheit stellt ein Charakteristikum bei dem Gegenpart dem impliziten Wissen dar. Laut Lehner (2014) stellt das implizite Wissen rund 80 % der in Unternehmen vorhandenen Wissens-Ressourcen dar. Implizites Wissen ist immer mit der einzelnen Person verbunden, die es trägt. Dabei ist zu beachten, dass nicht wie beim expliziten Wissen, eine systematische Aufbereitung des Wissens erfolgt. Implizites Wissen ist verknüpft mit Kontext, Emotionen und Werten und durch den Träger höchst individuell (Lehner 2014); (Nonaka und Takeuchi 2012).

Takeuchi und Nonaka (2012) gehen noch ein Schritt weiter und unterteilen das implizite Wissen in eine technische und kognitive Dimension. Die technische Dimension umfasst Fertigkeiten, die umgangssprachlich auch als Know-how bezeichnet werden. Die kognitive Dimension besteht hingegen aus Modellen und Vorstellungen auf mentaler Basis. Diese legen die Grundlage, wie ein Mensch seine Umwelt wahrnimmt.

Implizites Wissen und explizites Wissen werden an dieser Stelle zwar als ein Gegenpaar dargestellt, um sie zu kategorisieren. Allerdings konstatieren Takeuchi und Nonaka (2012) die gleichzeitige Verbindung zwischen diesen Paaren. Sie interagieren miteinander und ergänzen sich gegenseitig. Nicht zuletzt ist dies darauf begründet, das implizites Wissen sehr wohl externalisiert werden kann und somit die Relation zu explizitem Wissen geschaffen wird.

Eine weitere Einteilung von Wissen kann in individuelles und kollektives Wissen erfolgen. Das individuelle Wissen hat eine große Nähe zum eben bereits dargestellten impliziten Wissen. Es ist an Personen gebunden und verknüpft Fertigkeiten, Erfahrungen als auch eigene mentale Vorstellungen (vgl. technische und kognitive Dimension des impliziten Wissens). Das Gegenpaar, das kollektive Wissen oder auch organisationale Wissen, lässt sich allerdings nicht vergleichen mit explizitem Wissen. Es beinhaltet die Synergien, die aus dem gesamten individuellen Wissen einer Organisation entstehen. Probst (2012) betont jedoch, das kollektives Wissen nicht als Summe des individuellen Wissens gilt, sondern ganz eigene Strukturen schafft, die für den Erfolg eines Unternehmens notwendig sind. Diese Strukturen können sich ausdrücken in z. B. Leitlinien, Verhaltensnormen, Traditionen oder bestimmten Prozessen und Verfahren (Lehner 2014).

		Ontologische Dimension	
		individuelles Wissen	kollektives Wissen
epistemologische Dimensionen	explizites Wissen	„embrained knowledge" bewusste, verbalisierbare Fähigkeiten und Kompetenzen	„encoded knowledge" in Regeln. „Verfahrensrichtlinien" kristalisiertes Wissen
	implizites Wissen	„embodied knowledge" verinnerlichtes Können	„embedded knowledge" in organisationalen Routinen und „mentalen Modellen" verankertes Wissen

Abbildung 1: Wissen kategorisieren (angelehnt an Lam 2000)

Träger von Wissen

Anschließend an die Kategorisierung von Wissen soll in diesem Kapitel eine kurze Darstellung vorgenommen werden, an welche Objekte Wissen gebunden werden kann. Anknüpfend an das implizite und individuelle Wissen sei an erster Stelle der Mensch als Träger genannt. Der Mensch ist in allen Strukturen eines Unternehmens der erste Wissensspeicher und bietet die größte Spannweite an verfügbaren Wissen (Amelingmeyer 2004). Ein Hinweis auf das Externalisieren von implizitem Wissen zeigt, dass nicht das gesamte Wissen eines Menschen im gleichen Umfang weitergegeben werden kann. Dieser Sachverhalt kann als Mangel beim Träger Mensch benannt werden.

Weitere Träger von Wissen können Objekte darstellen, sie werden auch materielle Träger genannt. Darunter fallen Druck-Erzeugnisse, audiovisuelle Medien, Produkte oder computerbasierte Datenträger (Amelingmeyer 2004). All diese materiellen Träger können explizites Wissen speichern. Allerdings ist eine Überführung von menschlichem implizitem Wissen in materielles explizites Wissen in vielen Organisationen von größter Relevanz. Auch wenn bei der Überführung der Träger viel detailreiches implizites Wissen verloren geht, wird das Basis-Wissen trotzdem übertragen. Eine wichtige Quelle bei Ausfall von menschlichen Wissens-Trägern oder bei Vergessen.

Der kollektive Wissensträger stellt, wie schon beim kollektiven Wissen erwähnt, eine Wissens-Basis dar, die über die Summe der menschlichen bzw. individuellen Wissensträger stark hinausgeht (Amelingmeyer 2004); (Probst et al. 2012).

. Hierbei kann es eine Kombination der bereits genannten Träger geben. Das Zusammenspiel eines Kollektivs schafft Strukturen und Abläufe die eine eigene Dynamik erzeugen und durchaus effizienter vorgehen können. Das Bewusstsein dafür ist den Trägern in der Regel nicht bewusst, weil es sich auch an dieser Stelle häufig um implizites Wissen handelt (Amelingmeyer 2004).

2.3 Ansätze im Wissensmanagement

Grundsätzlich gibt es drei verschiedene Ansätze, wie die Theorien des Wissensmanagements zu differenzieren sind: den humanorientierten, den technologischen und den integrativen Ansatz. Der humanorientierte Ansatz im Wissensmanagement fokussiert das Individuum – also den Menschen an sich – als Wissensträger. Das beinhaltet zum Beispiel die einzelnen Aufgaben des Individuums, Wissensteilung in Bezug auf soziale Netzwerke und die Kultur, die dahinter steht. Fokus ist also die Interaktion, wie wissen generiert und weitergegeben wird.

Der technologische Ansatz hingegen blendet die individuelle Komponente aus. Im Fokus steht hier das organisationale Wissen, welches in Form von personenunabhängigen Speichermedien verbreitet wird. Dies kann z. B. durch Datenbanken oder wie auch später thematisiert durch Enterprise Social Networks geschehen.

Der dritte Ansatz des integrativen Wissensmanagements verbindet die ersten beiden Ansätze miteinander. Laut Lehner (2014) fokussiert sich dieser Ansatz darauf, dass der einzelne Umgang mit Wissen durch den Menschen mit den Möglichkeiten der Informations- und Kommunikationstechnologie verknüpft wird und neue Synergien geschaffen werden.

Wissensmanagement gilt als eine Querschnittsfunktion innerhalb von Organisationen. Daher sind speziell ausgerichtete Abteilungen, die sich um das Managen von Wissen kümmern meist als eine Stabs-Abteilung organisiert und sind nah an der Geschäftsleitung angesiedelt. Nicht zuletzt kann Wissensmanagement dadurch auch als strategischer Richtungsgeber aktiv werden. Katenkamp (2011) hat drei strategische Perspektiven von Wissensmanagement identifiziert: Unternehmenskultur, Technologie und Wissensumwandlung. Besonders die Unternehmenskultur tritt heute immer wieder in den Fokus von großen Organisationen, da sich durch die zunehmende Digitalisierung Prozesse und Verhaltensweisen verändern. Nicht zuletzt müssen Unternehmen agil auf verändernde Umwelteinflüsse reagieren, um wettbewerbsfähig zu bleiben. Dies gelingt nur mit einer neu interpretierten Unternehmenskultur.

2.4 Modelle im Wissensmanagement

Im klassischen Wissensmanagement dominieren die drei folgenden Modelle:

- Wissenschaftliche Ansatz (Nonaka und Takeuchi 2012)
- Betriebswirtschaftlicher Baustein-Ansatz (Probst et al. 2012)
- Pädagogisch-psychologischer Ansatz (Reinmann-Rothmeier und Mandl 2016)

Das Ziel dieser Arbeit ist die Bewertung von Social Enterprise Networks auf Grundlage von Wissensmanagement-Ansätzen. Da eine allgemeingültige Betrachtung von Wissensmanagement nicht möglich ist, wird sich die Auswertung auf den wissenschaftlichen Ansatz (die Wissensspirale), den betriebswirtschaftlichen Baustein-Ansatz und des pädagogisch-psychologischen Ansatzes konzentrieren. Darüber hinaus, gibt es noch weitere Ansätze, die eine ähnliche Richtung verfolgen. Diese Arbeit soll sich allerdings auf die drei Modelle beschränken, da diese in der Wissenschaft die größte Reputation haben und im Hinblick auf die Expertenbefragung diese als bekannt vorausgesetzt werden können.

2.4.1 Betriebswirtschaftlicher Baustein-Ansatz nach Probst

Das Modell des Baustein-Ansatzes ist in die folgenden sechs operative Kernelemente aufgegliedert: Wissensidentifikation, Wissenserwerb, Wissensentwicklung, Wissensteilung, Wissensnutzung und Wissensbewahrung (Probst et al. 2012). Zusätzlich gibt es noch zwei strategische Bausteine: Wissensziele und Wissensbewertung. Das Modell wurde in Kooperation mit Unternehmen entwickelt und ist dadurch praktisch leicht anwendbar für andere Unternehmen. Es hilft Problemfelder zu identifizieren und je Baustein mögliche Maßnahmenkataloge mitzuliefern. Bei diesem Modell besteht keine Limitierung auf bestimmte Zielgruppen. Alle Interventionsebenen (Individuum, Gruppe, Organisation) können gleichermaßen nach diesem Modell bearbeitet werden. Der Prozess ist einem betriebswirtschaftlichen Kreislauf sehr ähnlich (z. B. Planung, Umsetzung, Kontrolle) und sorgt damit für eine einfache Anwendung in gewohnten Strukturen.

Die einzelnen Elemente sind nicht in sich geschlossen und können nicht variabel verschoben werden. Ein idealtypischer Kreislauf beginnt mit dem strategischen Baustein der Wissensziele und führt weiter in die operativen Bereiche Wissensidentifikation, Wissenserwerb, Wissensentwicklung, Wissensteilung, Wissensnutzung, Wissensbewahrung und mündet wieder im strategischen Bereich der Wissensbewertung. Der letzte Baustein ist eine Art Controlling-Element der seine Ergebnisse an die Wissensziele weitergibt. Dort werden diese wiederum angepasst und ein Kreislauf, der permanent optimiert wird, wird angestoßen.

Wissensziele

Eines der wichtigsten Elemente sind die Wissensziele. Hier wird festgelegt, welche Stoßrichtung das jeweilige Wissensmanagement einschlagen soll. Es werden normative, strategische und operative Ziele unterschieden. Die normativen Ziele sind dafür da eine geeignete Kultur zu schaffen, um das jeweilige Wissensmanagement auch durchzusetzen. Strategische Ziele befassen sich vorwiegend mit der Identifikation von Kompetenzen, die vorliegen und in Zukunft benötigt werden. Die operativen Ziele orientieren sich an den normativen und strategischen Zielen, denn operative Ziele sollen dafür sorgen, dass die anderen Zielbereiche umgesetzt werden. Dies kann in Teilzielen und in der konkreten Umsetzung geschehen.

Wissensidentifikation

Dieser Baustein konzentriert sich auf das Aufspüren von Wissens-Ressourcen im Unternehmen. Es soll eine möglichst hohe Transparenz geschaffen werden, um internes und externes Wissen in jeglicher Form abbildbar zu machen. Dabei ist individuelles als auch kollektives Wissen gemeint. Bestehende Netzwerke gewinnen in diesem Zusammenhang an immenser Wichtigkeit. Ziel der Wissensidentifikation ist ein möglichst breites Repertoire an Wissen für Entscheidungsprozesse nutzbar zu machen. Expertenverzeichnisse oder Wissenslandkarten können dazu beitragen Fehlentscheidungen zu vermeiden.

Wissenserwerb

Der Wissenserwerb kann auf verschiedene Weisen entstehen. Entweder können bestehende Mitglieder einer Organisation durch externe Weiterqualifizierung Wissen in ein Unternehmen bringen. Es können weiterhin neue Mitarbeiter mit Wissen angeworben werden oder durch Zusammenschlüsse (Fusionen, Joint Ventures) entstehen. Darüber hinaus kann spezielles Wissen auch durch technische Infrastruktur gekauft werden wie z. B. Software. Nicht zuletzt stellt auch Wissen über externe Stakeholder eine wichtige Quelle dar.

Wissensentwicklung

Dieser Baustein konzentriert sich auch auf den Erwerb von neuem Wissen. Jedoch wird dies nicht durch externe Quellen beschafft, sondern wird intern gewonnen. Neue Produkte und Fähigkeiten, verbesserte Workflows und effizientere Prozesse können das Ergebnis davon sein. Um diese Entwicklung anzuregen ist vor allem aufseiten der individuellen Organisationsmitglieder eine proaktive Unternehmenskultur notwendig. Freiräume für eine solche Kultur können durch transparente Kommunikation und einer „aus Fehlern lernen"-Mentalität geschaffen werden. Für das Kollektiv gelten diese Regeln ebenfalls. Gute Ergebnisse zur Wissensentwicklung bieten Maßnahmen wie Design-Thinking, Story Telling oder Lessons Learned.

Wissensteilung

In diesem Baustein geht es um das multiplizieren von intern bereits vorhandenen Wissen. Dies kann einerseits zentral passieren auf alle Organisationsmitglieder oder auch das Teilen unter Individuen an sich. Es soll betrachtet werden, wer welches Wissen haben muss und wie er an solches gelangen kann. Ein guter Prozess zum Veranschaulichen ist in diesem Fall das „Onboarding" neuer Mitglieder. Dort ist es fester Informationspool vorbereitet mit dem notwendigen Wissen, welches ein jedes Mitglied haben muss. Neues Wissen welches an viele verteilt werden muss, kann z. B. in Workshops oder informellen Wissensnetzwerken weitergegeben werden. Besonders vernetzte Organisationsmitglieder können in diesem Fall auch als Influencer in Unternehmen genutzt werden. Obwohl es in erster Linie nur um das Multiplizieren von Wissen geht, kann ein Influencer auch dazu beitragen, dass dieses Wissen auch gewinnbringend angewendet wird.

Wissensnutzung

Der Baustein der Wissensnutzung hat die Aufgabe, dass die Organisationsmitglieder vorhandenes Wissen auch nutzbringend einsetzen bzw. es konsumieren. Auch hier spielt die Unternehmenskultur eine wichtige Rolle. So muss die Wissensnutzung dafür sorgen, dass keine Hemmungen bestehen vor neuen Wissensquellen z. B. in Form von neuen Technologien. Auch denkbar ist die Ablehnung, weil sonst aufgedeckt werden könnte, dass dieses Wissen bisher nicht vorhanden war, obwohl es notwendig gewesen wäre.

Wissensbewahrung

Die Wissensbewahrung wird zu einem immer wichtigeren Element in diesem Modell, da einzelne Mitarbeiter – die einen großen Teil implizites Wissen haben – immer öfter das Unternehmen wechseln. Die häufige Fluktuation von Mitarbeitern erfordert Maßnahmen, die das Wissen im Unternehmen halten. Oft wird bei der Wissensbewahrung in drei Phasen unterschieden: Selektion, Speicherung und Aktualisierung. In der ersten Phase geht es darum zu identifizieren, welches Wissen erfolgskritisch ist und gesichert werden muss. Bei der Phase Speicherung wird ausgewählt, welches Medium zum Erhalt am sinnvollsten ist und auch das Speichern an sich. In der letzten Phase geht es um die Bewertung, welches Wissen noch relevant ist und wie aktuell es ist.

Wissensbewertung

Der Kreislauf der Bausteine wird mit dem strategischen Element der Wissensbewertung abgeschlossen. Die zu Beginn getroffenen Ziele werden evaluiert und es werden Maßnahmen abgeleitet. Da es sich bei Wissen um eine überwiegend qualitative Ressource handelt, sollte auf jeden Fall als Instrument die Balanced-Scorecard genutzt werden, da quantitative Kennzahlensysteme nicht zu einer ausreichenden Bewertungsbasis führen. Probst (2012, S. 342) hat einige Bewertungsmethoden zusammengefasst. Für die normativen Wissensziele sind dies u. a. Kulturanalysen, Agenda-Analysen, Glaubwürdigkeitsanalysen. Strategische Ziele können mit mehrdimensionaler Wissensmessung, Analyse des Kompetenzportfolios oder der Balanced Scorecard gemessen werden. Schließlich werden die operativen Ziele mithilfe von klassischem Controlling (quantitativ), Messung von Systemnutzung (z. B. von ESN) oder der Erstellung von individuellen Fähigkeitsprofilen erhoben.

2.4.2 Wissenschaftliche Ansatz nach Nonaka und Takeuchi

Nachdem sich die Betrachtung von Wissensmanagement im eben beleuchteten Baustein-Ansatz sehr praxisorientiert gezeigt hat, wird im wissenschaftlichen Ansatz die sogenannte „Wissensspirale" thematisiert (Nonaka und Takeuchi 2012). Hauptelemente in diesem eher abstrakten Modell sind die Wissenserschaffung und die Wissensverbreitung. Dabei stellt das Individuum, der einzelne Mitarbeiter, das Elemente dar, welches Wissen beschafft und das Kollektiv verbreitet dieses Wissen wiederum. Implizites und explizites Wissen sind gleichermaßen relevant und entwickeln sich im dynamischen Wechselspiel. Dadurch entsteht die Wissensspirale.

Bei der Wissenserschaffung wird in zwei Elemente unterschieden: die Interaktionsformen (epistemologische Dimension) und die Wissensebenen (ontologische Dimension). Bei den Interaktionsformen geht es um das Klassifizieren in die Wissensarten wie z. B. Erfahrungswissen und analoges Wissen welches als implizites Wissen gilt und Verstandeswissen, sequenzielles Wissen oder digitales Wissen, welches als explizites Wissen gilt. Die Wissensebenen werden in die drei klassischen Bereiche des Individuums, der Gruppe und der Organisation (das Unternehmen als Ganzes) unterteilt. Zusätzlich wird die Ebene ergänzt durch die Interaktion zwischen einzelnen Unternehmen.

Die Funktionsweise der Wissenserschaffung tritt in einer Spirale auf. Dabei treten implizites und explizites Wissen in Wechselwirkung und entwickeln sich weiter auf den einzelnen Wissensebenen. Idealtypisch läuft die Wissensspirale in folgenden Schritten ab (Nonaka und Takeuchi 2012):

1. Intention (Anstreben der Ziele)
2. Autonomie (selbstgesteuerte Teams agieren, um die Intention zu erfüllen)
3. Fluktuation (Grundannahmen überdenken, neue Konzepte finden, Selbstreflexion)
4. Redundanzen (Überschneidungen erzeugen fruchtbaren Informationsaustausch)
5. Notwendige Vielfalt (verfügen über alle relevante Informationen z. B. durch Datenbanken)

Das Modell der Wissensspirale geht davon aus, dass die Entwicklung durch das Wechselspiel von impliziten und expliziten Wissen neues Wissen schafft und kontinuierlich erweitert. Der Wandlungsprozess in der Wissensspirale geht dabei durch vier Prozesse: die Sozialisation, die Externalisierung, die Kombination und die Internalisierung.

Phase	Form	Beschreibung	Beispiele
Sozialisation	Implizit → Implizit	Gemeinsamer praktischer Erfahrungsaustausch	Brainstorming, Erfahrungsaustausch
Externalisierung	Implizit → Explizit	Durch Dialog, Kreativprozesse und Reflexion wird implizites in explizites Wissen darstellbar	Modelle, Metaphern zur Verbalisierung
Kombination	Explizit → Explizit	Verbindung von expliziten Quellen z. B. umfangreiche Datenanalysen (Big Data)	Verknüpfen von Datenbanken, Dokumente etc.
Internalisierung	Explizit → Implizit	Wissen durch Dokumente wird in praktisches Wissen durch das Ausführen an sich überführt und angepasst an das Individuum	Learning by doing mithilfe von Anleitungen

Abbildung 2: Phasen der Wissensspirale (eigene Darstellung, angelehnt an Nonaka und Takeuchi 2012)

2.4.3 Pädagogisch-psychologischer Ansatz nach Reinmann-Rothmeier und Mandl

Der pädagogisch-psychologische Ansatz des Wissensmanagement von G. Reinmann-Rothmeier und H. Mandl ist auch als Münchener Modell des Wissensmanagements bekannt. Als zentrale Bestandteile dieses Ansatzes gelten Individuum (Mensch), Organisation und Technik (Reinmann-Rothmeier und Mandl 2016). Ziel dieses Ansatzes ist es, eine neue Kultur zu schaffen, in der Wissen als positive Ressource verstanden wird und lebenslanges Lernen eine Selbstverständlichkeit ist. Ausgangspunkt ist der neue Stellenwert von Wissen in der Gesellschaft. Wissen tangiert nicht mehr nur die Wirtschaft, sondern auch im Privatleben spielt Wissen in Form von Daten und der Nutzung Neuer Medien eine besondere Rolle. Der verändernde Konsum durch neue technologische Entwicklungen betrifft somit Organisationen und im Einzelnen auch die Mitglieder dieser Organisationen.

Dieser Ansatz setzt sich aus mehreren Prozessen zusammen (Reinmann-Rothmeier und Mandl 2016):

- Wissensrepräsentation (Methodik: z. B. Wissenslandkarten):
  In diesem Prozess geht es um die Identifikation und Darstellung von expliziten Wissen. Die Ressource ist schon vorhanden und muss nur noch dokumentiert werden. Dies geschieht in einer Form, die einer möglichst breiten Zielgruppe zugänglich ist.

- Wissenskommunikation (Methodik: z. B. Practice-Communities & Best-Practice-Sharing): In diesem Prozess geht es um die Multiplikation von vorhandenen Wissen. Methoden des Austausches und der Verbreitung stehen im Fokus. Dabei geht es nicht vordergründlich um die Form – also persönliche oder mediengestützte Weitergabe – sondern um das Wann und Wie. Wann und wie kommen die benötigten Kenntnisse zur Lösung eines Problems zu einer bestimmten Personengruppe.

- Wissensgenerierung (Methodik: z. B. Szenario-Technik & Open-Space-Konferenz) Bei der Wissensgenerierung geht es einerseits um die Wandlung von impliziten Wissen in explizites Wissen (z. B. Erfahrungswissen konsumierbar machen für eine breite Personengruppe) und andererseits externes Wissen einzukaufen um es gewinnbringend im eigenen Unternehmen einzusetzen. In diesem Zusammenhang steht auch der Einsatz von neuen Kanälen um Wissen zu generieren und weitere unterstützende Instrumente der Informations- und Kommunikationstechnik.

- Wissensnutzung (Methodik: z. B. Lessons Learned & Storytelling) Dieser Prozess ist das Überführen von Wissen in Handeln. Das heißt Entscheidungen oder Maßnahmen zu erstellen aufgrund der Kenntnisse aus z. B. Lessons Learned. Darüber hinaus gilt hier auch das Wissen in Produkten oder Dienstleistungen.

Neben den einzelnen Prozessen steht besonders die Unternehmenskultur im Vordergrund. Das Münchener Modell basiert auf der Transformation der Unternehmenskultur. Einerseits muss eine Wissens- und Lernkultur etabliert werden und andererseits eine Kommunikations- und Kooperationskultur entwickelt werden. Sofern ein Unternehmen eine solche Kultur verfolgt, kann sie innovativ und wettbewerbsfähig sein und im Sinne der lernenden Organisation weiterentwickeln (Reinmann-Rothmeier und Mandl 2016).

3 Enterprise Social Networks

In diesem Kapitel soll auf die Charakteristika von Enterprise Social Networks (ESN) eingegangen werden. Eine Annäherung zu dieser Thematik soll erreicht werden durch das Kon-
kretisieren der Begriffe Web 2.0, Social Software, die bei der Entwicklung solcher Netzwerke
maßgeblich beeinflusst haben. Im Anschluss beschäftigt sich diese Arbeit mit den System-
funktionen, die Enterprise Social Networks mitbringen. Abschließend wird eine konkrete Anwendung aus dem Enterprise Social Network Umfeld näher beleuchtet und dargestellt, wie
solche Anwendungen in der Praxis funktionieren.

3.1 Historische Entwicklungen

Web 2.0

Enterprise Social Networks sind Anwendungen die durch die Weiterentwicklung von Internettechnologien entstanden sind. Diese Weiterentwicklung wird durch den Begriff Web 2.0 aus-
gedrückt. Der Vorgänger das Web 1.0 beschreibt grundsätzlich den Ursprung des Internets
wie wir es bis heute kennen: die Entwicklung des World Wide Webs (Hippner 2006). Web 2.0
wurde im Jahre 2004 zum ersten Mal vom Verleger Tim O'Reilly, dies geht aus seinem Werk
„What is Web 2.0. Design patterns and business models for the next generation of software"
hervor (O'Reilly 2005). Hippner (2006) sieht in dem Begriff des Web 2.0 eher al seine Art
Sammlung neuer Internettechnologien, da sich Kerninnovation des World Wide Web bis heute nicht grundlegend verändert hat, sodass man von einer neuer Stufen sprechen könnte.
Günther (Günther et al. 2010) stellt heraus, dass Web 2.0 eine herausragende Nutzerbeteili-
gung ausmacht. Im Vergleich zum Internet im Jahre 2004 haben sich die Nutzerzahlen bis
2016 fast vervierfacht (Internet Live Stats 2016). Grund hierfür sind die Entwicklungen, die
unter dem Begriff Web 2.0 subsumiert werden. Dazu zählen nicht nur neue Technologien
(z.B. AJAX) und neuer Geschäftsmodelle (z.B. Werbemarkt hat sich stark gewandelt), sondern auch die technologischen Innovationen, die zur Kollaboration einladen (z.B. Blogs oder
Wikis). Das heißt das Internet ist keine große statische Datenbank mehr mit Informationen,
sondern ein interaktives und sich selbst weiterentwickeltes Medium. Auch wenn die Basis
des Web 1.0 noch immer die Grundlage für alle Aktivitäten im Web sind, hat der Begriff Web
2.0 seine Berechtigung. Koch (2011a) fasst Web 2.0 wie folgt zusammen: „Im Gegensatz
zum Web 1.0 steht hier das Individuum im Vordergrund, es geht um Beteiligung jedes Einzelnen und um freudvolle Nutzung. Hieraus sind verschiedene spezialisierte Dienste entstanden, die sich für vielfältige und ggf. individuell verschiedene Use Cases einsetzen lassen
(Nutzungsoffenheit)."

Enterprise 2.0

Ebenso wie beim Web 2.0 gibt es für Enterprise 2.0 keine einheitliche Definition. Viele Autoren begegnen dieser Schwierigkeit mit der analogen Verwendung der Definition von Web 2.0 nur angewendet auf den Unternehmenskontext (Eberspächer und Holtel 2010). Buhse & Stamer (2010) hingegen klassifiziert Enterprise 2.0 ganz klar als die Verwendung von Social Software Plattformen von Unternehmen und deren Kollaboration zwischen Partnern und Kunden.

Laut Koch (2011b) greift diese Definition von Enterprise 2.0 aber zu kurz. Enterprise 2.0 ist nicht nur die technische Weiterentwicklung um die Komponente der Social Networks im Kontext der Unternehmen. Durch die neuen Möglichkeiten der Mitgestaltung, Kooperation und Partizipation über Enterprise Social Networks verändern sich auch die Mentalität und die Werte in einem Unternehmen. Die häufig in den letzten Jahren betonten „flachen Hierarchien" und offenen Kulturen in Unternehmen sind also nicht nur Ergebnis von Veränderungen der Führungskultur, sondern auch das Ergebnis von technologischer Innovation. Zunehmend wird Enterprise 2.0 auch im Kontext von Wissensmanagement gesehen. Neue Theorien im Wissensmanagement haben die „lernende Organisation" im Fokus (Scheerer 2012). Das Intranet wurde in den letzten Jahren immer mehr angereichert durch Wikis, Blogs oder andere Kommunikationsmittel und es bilden sich immer mehr spezialisierte Anbieter heraus, die eigene Social Plattform Lösungen anbieten. Das Enterprise 2.0 bietet also vielfältige Möglichkeiten explizites Wissen aufzubereiten, aber auch internes Wissen in ein externes Format zu bringen. Koch (2011b) interpretiert Enterprise 2.0 so, dass es aus „... Plattformen und Ideen aus dem Web 2.0-Umfeld [besteht] (...) zur Unterstützung ihrer Wissensarbeiter".

3.2 Social Software

Die historische Entwicklung von Enterprise Social Networks, die aus den Phänomenen des Web 2.0 und Enterprise 2.0 hervorgegangen sind, führen zu der schon angedeuteten Entwicklung des Marktes für Social Software. Eine klare Abgrenzung zwischen Social Networks und Web 2.0 ist nicht möglich, da sich die verschiedenen Anwendungen aus Web 2.0 entwickelt haben und sich kontinuierlich zu einer neuen Disziplin der Social Software entwickelt haben. Damit nimmt Social Software eine neue Rolle im Internet auf, da es nun für ganz „normale" Konsumenten des Webs möglich wird selbst zu einem Produzenten zu werden. Inhalte zu erstellen und zu publizieren erfordert nur noch die Registrierung bei einem solchen Netzwerk. Je größer diese sozialen Netzwerke werden, desto größer ist der Effekt. Aus diesen Anfängen hat sich ein weitverzweigtes Wissens-Netzwerk entwickelt. Es wird nicht mehr nur „produziert", sondern auch interagiert mit den Inhalten. Likes, Teilen, Kommentieren sind diese klassischen Interaktionen mit Inhalten. Aus diesem Wissenskontrukt entsteht gleichzeitig ein Speicher für kollektives Wissen, z. B. wenn Inhalte in einer Gruppe in einem Social Network geteilt werden. Zusammengefasst lässt sich Social Software in zwei Elementgruppen einteilen. Einerseits die kollektiven Elemente wie menschliche Kommunikation, das Koordinieren und Kooperieren von Inhalten, andererseits die individuellen Elemente wie die Erstellung, Verteilung und das Verknüpfen von Wissen bzw. Informationen. Darüber hinaus gibt es laut Koch & Schubert (2011) noch das sogenannte „Social Software Dreieck", welches sich auch zur näheren Definition eignet. Die drei Ecken bestehen aus Informationsmanagement, Kommunikation und Identitäts- und Netzwerkmanagement. Während das Informationsmanagement sich auf das Publizieren von Inhalten konzentriert, steht Kommunikation für die Interaktion zwischen den Nutzern und das Identitäts- und Netzwerkmanagement für die Entwicklung von Beziehung. An dieser Stelle könnte auch Beziehungsmanagement genannt werden. Gleichzeitig können die einzelnen Anwendungen von Social Software innerhalb dieses Dreiecks eingeteilt werden. Dabei können diese Anwendungen alle Ziel-Ecken vom Social Software Dreieck enthalten oder auch nur einzelne. Als Beispiel kann das Wiki genannt werden. Dieses ist eindeutig eine Anwendung, dass der Ecke des Informationsmanagements zugeordnet ist. Die Interaktion ist relativ gering (nur über Kommentarfunktion, falls Änderungen negativ auffallen). Das Netzwerkmanagement ist an dieser Stelle auch nicht besonders ausgeprägt, da ein Wiki insbesondere zum Konsumieren gedacht ist.

Abbildung 3: Social Software Dreieck (Koch und Richter 2007)

Die Anwendungen zu Social Networking wie z. B. Facebook haben ihren Schwerpunkt hingegen auf dem Identitäts- und Netzwerkmanagement. Bei diesen Anwendungen geht es besonders um die produzierte Reichweite. Je mehr Konsumenten in einem Netzwerk sind, desto größer ist die Reichweite und somit auch die z. B. Likes. Im Social Software Dreieck platziert sich also Social Networking eher zwischen Identitäts-/Netzwerkmanagement und Kommunikation. Das Informationsmanagement hat an dieser Stelle eher eine untergeordnete Rolle, trotzdem ist es im Zielhorizont des Dreiecks, da nur eine gewisse Reichweite durch gute Inhalte erreicht werden kann (Schubert und Koch 2011).

Neben Social Networking gibt es noch zahlreiche andere Social Software Anwendungen wie das klassische Messaging, diese sind nun weitgehend in die Social Networking Plattformen integriert wurden, wie z. B. MSN, ICQ oder Skype.

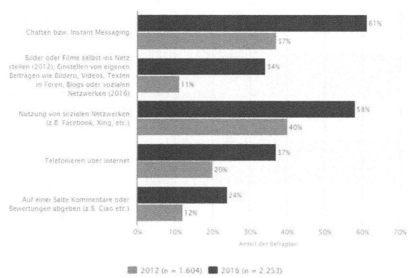

Abbildung 4: Umfrage zu Aktivitäten im Internet in Deutschland 2012 und 2016 (DIVSI 2016)

Social Networking und das Chatten sind in 2016 (vgl. Abbildung 4) die Aktivitäten mit dem größten Anteil. Wie schon erwähnt können diese Aktivitäten kumuliert werden auf das Social Networking, da die Dienste mittlerweile dort zentral zusammenlaufen. All die hier aufgeführten Aktivitäten sind Elemente, die zuerst als eigene Anwendung im Internet zu finden waren, allerdings ist ein Großteil konsolidiert worden. Über das soziale Netzwerk Facebook lassen sich alle diese Aktivitäten schon erledigen. Umso interessanter ist, dass jüngere Nutzergruppen im Internet nicht mehr an dem sozialen Netzwerk Facebook interessiert sind und von

Bild-Netzwerken wie Instagram oder Snapchat eher angezogen werden. Allerdings ist der Marktanteil von Facebook so groß (vor allem bei älteren Zielgruppen), dass die Annahme getroffen werden kann, dass es erst nach der Generation Y schwierig werden könnte für Facebook.

3.2.1 Social Software im Einsatz von Wissensmanagement

Der private Gebrauch von Social Software ist fest in den Nutzungsaktivitäten des Internets verankert, aber auch im Unternehmenskontext sind solche Anwendungen weit verbreitet und helfen Abläufe zu optimieren. Laut Eberspäche & Holtel (2010) können durch Social Software vor allem Kommunikationsflüsse, Koordination und kreative Prozesse verbessert werden. Mittlerweile gibt es viele Anbieter, die Social Software für Unternehmen professionalisiert haben unter dem Überbegriff Enterprise Social Networks. Je nach Ausprägung bieten die verschiedenen Produkte einzelne Module wie Kommunikation, Dokumentation, Information oder ganze Komplettlösungen. Vor allem die Dokumentationsqualität kann durch den Einsatz von Social Software verbessert werden, weil die „Gefällt mir"- und „Kommentar"-Funktion in den meisten Produkten integriert ist und sich somit der Dokumentationsaufwand stark reduzieren lässt.

Laut BVDW (2017) wird Social Software größtenteils für Kommunikation genutzt. Allerdings nutzen über 40 % der befragten Unternehmen Social Software auch im Wissensmanagement. Laut BITKOM (2013) sind es vor allem Unternehmen aus der Telekommunikationsbranche, die Vorreiter in der Nutzung von Enterprise Social Networks sind. Sie sehen dort den größten Vorteil an Optimierung an bestehenden Wissensmanagement-Prozessen. Laut Buhse & Stamer (2010) erfährt der Einsatz von Social Software so viel Zuspruch, da erwartet wird bisher nicht abbildbares Wissen zu transformieren. Implizites Wissen – wie z. B. Erfahrungswissen – ist nur sehr schwer darzustellen. Mit Social Software erhoffen sich viele Unternehmen diese Wissenslücke zu schließen. Dies geschieht auch im Kontext der „Leaving Experts" also jener Mitarbeiter, der einen großen relevanten Wissensspeicher für das Unternehmen besitzt, es aber bisher nicht weitergibt. Koch & Schubert (2011) sehen in Social Software für das Wissensmanagement großes Potenzial. Die spielerische Art ein soziales Netzwerk zu nutzen, aktiviert Mitarbeiter Erfahrungen und implizites Wissen zu teilen. Dabei können Wissensspeicher wie Wikis zur Ablage solches Wissens genutzt werden und ein Social Network hilft die passenden Wissensträger (in Form von Experten) zu identifizieren. Ein gutes Enterprise Social Network ist daher unternehmensabhängig. Es muss genau so viele Funktionen beinhalten, um Synergien zwischen den Aktivitäten zu erzeugen, aber nicht so viele Funktionen, dass der Nutzer erdrückt wird und keine Transparenz in der Anwendung herrscht. Die private Nutzung von Social Software erleichtert vielen Mitarbeitern den Übergang in die Anwendung auf geschäftliche Prozesse in Social Networks.

Problematisch stellt sich die vorzeitige Einführung von Social Software im Kontext von Wissensmanagement heraus, wenn Unternehmen noch in traditionellen Strukturen agieren. Laut Rosenthal (2013) gilt dies insbesondere für die Unternehmenskultur. Das Einführen einer Social Software aufgrund der Konkurrenz ist nicht ratsam. Viele Unternehmen, versuchen durch solche Maßnahmen die digitale Transformation voranzutreiben, allerdings ohne durchdachtes Konzept. Wenn die Mitarbeiter nicht zu der neuen Arbeitsphase hingeführt werden, sondern einfach ein neues Software Produkt benutzen sollen, stößt dies meist auf große Ablehnung. Das Teilen und der Austausch von Wissen sind oft nicht mit traditionellem Konkurrenzdenken vereinbar (Rosenthal 2013). Die Potenziale für das Wissensmanagement können sich durch Social Software erst entfalten, wenn die Mitarbeiter auch gewollt sind, diese adäquat einzusetzen. Andernfalls werden solch teure Software-Lösungen oft durch informelle Prozesse umgangen und das Unternehmen bleibt in alten Strukturen verhaftet.

3.3 Grundlagen: Enterprise Social Networks

3.3.1 Definition

Die abstrakte Darstellung von einem Enterprise Social Network kann mithilfe von Clustern und Hubs (Richter und Koch 2008) erklärt werden. Ein Cluster stellt dabei eine Gruppe von Personen dar, die in enger Beziehung zueinanderstehen. Hubs sind Personen die, als Multiplikatoren dienen und besonders viele Beziehungen innerhalb dieses Clusters haben. Cluster sind über Brücken mit anderen Clustern verbunden. Die Knoten in den Clustern sind die einzelnen Personen. Sie sind durch Kanten miteinander verbunden. Kanten gelten als Interaktionen. Sobald die einzelnen Cluster miteinander verbunden sind, entsteht nach und nach ein komplexes Netzwerk. Das Netzwerken wird in der Regel als die Pflege und den Aufbau von Personen und Gruppen definiert (Richter und Koch 2008). Das Netzwerken beinhaltet vor allem Austausch und Kollaboration zu einem Interessenbereich, der durch dieses Netzwerken in positiver Weise beeinflusst wird. Um eine einheitliche Definition zu bieten kann auf Richter (2010) zurückgegriffen werden. Er definiert Social Networks als Anwendungen, die „Funktionen zum Identitätsmanagement zur Verfügung stellen und darüber hinaus die Vernetzung mit anderen Nutzern ermöglichen" (Richter 2010, S. 86). Damit ist die Definition ziemlich nah an dem des Social Software Dreiecks (Koch und Richter 2007). Generell kann der Benutzer eines Social Networks also seine Kontaktdaten über das Portal veröffentlichen, Netzwerke schaffen durch das Hinzufügen von weiteren Kontakten, sich individuell präsentieren und die Entwicklung und Pflege von Kontakten vorantreiben in einer in einem vereinfachten Prozess. Das Social Network kann also als eine Art „Telefonbuch" gesehen werden mit einer verbesserten Filterung und zusätzlichen Nutzen durch ergänzende Funktionen. Genau wie ein Telefonbuch kann auch ein Social Network von privater und öffentlicher Natur sein bzw. offen oder geschlossen. Offene Social Networks sind Portale wie Facebook oder Xing, in denen man sich ohne Barrieren registrieren kann und nach Kontakten suchen kann. Geschlossene Social Networks sind in der Regel Intranets von Unternehmen (Richter et al. 2011). Dementsprechend können die Daten in geschlossenen Social Networks vielfältiger sein, wobei die Privatsphäre-Einstellungen immer weiter entwickelt werden und heute sowohl in offenen als auch geschlossenen Social Networks angepasst werden können. Wenn von geschlossenen Social Networks die Rede ist, kann in der Regel auch die Bezeichnung „Enterprise Social Network" verwandt werden. Da geschlossene Netzwerke meist nur von Firmen genutzt werden (Richter et al. 2011).

Da sich die Arbeit insbesondere auf den professionalisierten Einsatz zwischen Wissensmanagement und Social Networks bezieht, soll nachfolgend nur noch Enterprise Social Networks (ESN) die Rede sein. Damit ist das geschlossene Social Network, welches von Unternehmen genutzt wird, gemeint.

3.3.2 Funktionen

Richter und Koch (2008) haben sechs grundlegende Funktionsgruppen in einem Enterprise Social Network identifiziert. Allerdings konstatieren Richter und Koch, dass es keine trennscharfe Abgrenzung von einzelnen Aktivitäten in die Funktionsgruppen gibt, da sie in mehreren Gruppen angesiedelt sein können. Die sechs Funktionsgruppen werden im folgenden Abschnitt erläutert:

- Expertensuche
- Gemeinsamer Austausch / Kollaboration
- Identitätsmanagement
- Kontaktmanagement
- Kontext-Awareness
- Netzwerk-Awareness

Die Expertensuche dient in den meisten ESN gleichzeitig als Kontaktverzeichnis, welches davor oft im klassischen Intranet zu finden war. Das heißt, dort sind Daten wie Name, Telefonnummer, Emailadresse, Titel, Abteilung und ggf. ein Foto hinterlegt. Durch die Transformation der Kontaktdaten in das ESN bietet sich vor allem die Anreicherung mit weiteren Daten an. Zum Beispiel, welche Fachgebiete und Interessenbereiche der einzelne Experte hat. Auf der Suche nach bestimmtem Know-how kann ein qualitatives Experten-Profil mit Fachbereichen und Skills schnelle Ergebnisse bringen. Es bietet sich an mit einer Verschlagwortung zu arbeiten (zum Beispiel Hashtags). Das Finden der Experten wird in der Regel mit einer einfachen Suchleiste ermöglicht oder dem Auswählen von Schlagworten.

Eine weitere Funktionalität ist der gemeinsame Austausch bzw. die Kollaboration, die ESN ermöglichen. Der größte Vorteil ist, dass die Inhalte nicht mehr klassisch über E-Mails verbreitet werden und je größer der Response wird, desto geringer der Mehrwert aufgrund von Intransparenz wird. Es können zeitgleich mehrere Personen durch Nachrichten, Kommentare, Zustimmungs-Button oder weitere Interaktionen einen Beitrag leisten. Das bewirkt eine enorme Zeitersparnis und ein Clustern wird ebenfalls vereinfacht. Kern der schnellen Kollaboration ist das Microblogging. Es können damit in Kurznachrichten schnell Informationen an einen großen Personenkreis verbreitet werden und zeitgleich Feedback eingeholt werden. Mit Push-Notifications können besonders zeitkritische Beiträge an gepushed werden, die oftmals schneller Beachtung finden als die herkömmliche E-Mail.

Das Identitätsmanagement in ESN umfasst seine eigenen Daten in einer kontrollierten Umgebung darzustellen (Richter und Koch 2008). Das heißt, welche Inhalte andere Benutzer sehen können ggf. durch Privatsphäre-Einstellungen und wie der Aufbau und die Struktur der Selbstdarstellung ist. Nicht nur das eigene Profil gehört mit zum Identitätsmanagement, sondern auch die Interaktion in dem ESN selbst. Zum Beispiel durch das Kommentieren von Beiträgen, durch Beitritt in Gruppen oder dem Zustimmen von bestimmten Inhalten gehört mit zum Identitätsmanagement.

Das Kontaktmanagement umfasst die Pflege und den Ausbau des persönlichen Netzwerks. In ESN wird häufig durch intelligente Kontaktlisten eine Einteilung möglich in z. B. wichtige Kontakte, Kontakte aus der eigenen Abteilung oder auch eigene Einteilungen. Somit kann der Nutzer auch Notizen hinterlassen, wie z. B. ist nur halbtags erreichbar oder welcher Vorgesetzter die Person hat. Natürlich gehört zu dieser Funktionalität auch der Ausbau des Netzwerkes. Dies geschieht immer häufiger durch Vorschläge, welches das ESN automatisiert vorschlägt. Es orientiert sich dabei an den Kontaktpräferenzen von schon bestehenden Mitgliedern im Netzwerk.

Die Kontextawareness umfasst das Herstellen von Gemeinsamkeiten von einzelnen Mitgliedern in einem ESN. Dies kann einerseits aufgrund von gemeinsamen Schlagwörtern, Interessen oder Abteilungszugehörigkeit entstehen oder andererseits durch die Verknüpfung durch gemeinsame Kontakte. Ziel der Kontextawareness ist das Schaffen von Vertrauen, damit das Netzwerk wachsen kann. Ein gutes Beispiel liefert hierfür das Berufsnetzwerk Xing. Dort können Mitglieder sehen, in welcher Verbindung bestimmte Mitglieder mit einem selbst sind, z. B. durch Kontakte 1. Oder 2. Grades. Das schafft Vertrauenswürdigkeit auch, ohne dass Mitglieder miteinander persönlich bekannt sind.

Abschließend ist die Netzwerkawareness eine Funktionalitätsgruppe, die Aktivitäten von Mitgliedern, die bereits im eigenen Netzwerk sind, darstellt. Je nach Netzwerkgröße können diese in der Timeline auftauchen oder in einem Feed. Inhalte können das Teilen von Beiträgen oder Dokumenten sein oder banalere Einträge wie das Ändern von Kontaktdaten oder der Versetzung in eine andere Abteilung. Meist wird auch das Kommentieren von Beiträgen mit Bezug zum Original-Beitrag angezeigt, sofern es die Privatsphäre-Einstellungen zulassen.

3.3.3 Idealtypischer Kreislauf

Das Zusammenspiel dieser Funktionsgruppen kann in einem Kreislauf erfolgen. Idealtypisch beginnt der Kreislauf nach einer bestimmten Abfolge von Aktivitäten wieder erneut. Folgende Elemente enthält dieser Regelkreislauf (Richter 2010):

1. Anmelden im Netzwerk / Bearbeiten des Profils (Identitätsmanagement)
2. Suche nutzen um weitere Mitglieder zu finden (Expertensuche)
3. Mitglieder aufgrund von gemeinsamen Interessen finden und Vertrauen schaffen (Kontextawareness)
4. Die anderen Mitglieder zu dem eigenen Netzwerk hinzufügen (Kontaktmanagement)
5. Interaktion mit anderen Mitgliedern im eigenen Netzwerk, Gruppen oder öffentlicher Timeline durch Posten, Kommentieren, Liken etc. (Gemeinsamer Austausch und/oder Netzwerkawareness)
6. Kreislauf beginnt erneut bei 1. (ggf. Profil anpassen oder Schritt entfällt)

Richter (2010) weisen darauf hin, dass der Kreislauf nicht immer gleich verläuft und auch einige Schritte entfallen können bzw. an einem anderen Punkt begonnen werden kann. Die Reihenfolge ist hier idealtypisch dargestellt und muss nicht immer so ablaufen.

3.3.4 Chancen und Risiken

Der Einsatz von ESN in Unternehmen ist vergleichsweise noch jung. Dementsprechend gibt es nur ausgewählte Studien, die sich tief gehend mit der Nutzung beschäftigen. Laut Richter (2011) gibt es vor allem Chancen durch die vereinfachten Kommunikationsstrukturen. Ein gutes Beispiel bietet das Onboarding von neuen Kollegen. Ein ESN, bieten die Möglichkeit gesammelt Dokumente und Anleitungen zur Verfügung zu stellen, die zur Eingliederung in die Organisation relevant sind. Darüber hinaus können sich neue Mitarbeiter einen Überblick verschaffen über die Kollegen. Organigramme im Intranet. mit entsprechender Verschlagwortung, können eine schnelle Suche von Experten und Ansprechpartnern ermöglichen. Darüber hinaus kann es helfen schneller informelle Strukturen zu verstehen. Die Hinweise dazu können in individuell gestalteten Profilen von Kollegen zu finden sein oder in Gruppen im ESN. Degenhardt (2013) betont, dass ESN das Potenzial hat Unternehmen in Produktivität, Effizienz und Kreativität zu steigern.

Gleichzeitig können auch einige Risiken von ESN identifiziert werden. Diese können sich an Social Networks aus dem privaten Bereich ableiten. Dazu zählt der unverhältnismäßige Aufenthalt im ESN ohne eine wirklich produktive Nutzung, wie z. B. das Kommentieren und Posten von privaten Aktivitäten wie Essen gehen, Afterwork oder das Etablieren einer Tauschbörse. Darüber hinaus können gut vernetzte Mitglieder wie Vorgesetzte oder Geschäftsführung in die Gefahr geraten, dass sie ihre eigenen Kommunikationsflüsse nicht mehr richtig steuern können. Beiträge die nicht mit Bedacht ausgewählt wurden oder eine falsche Formulierung enthalten, verbreiten sich schnell viral und können auch mit nachträglicher Korrektur nicht mehr in der Wirkung aufgehoben werden (Degenhardt 2013). Außerdem eignet sich ein ESN auch hervorragend um informelle Informationen zu verbreiten und als Plattform für Gerüchte, Mobbing oder negative Äußerungen zu Führungs- und Unternehmensentscheidungen. Das Etablieren von Rollen wie Moderatoren und der regelmäßigen Reflexion über die Inhalte im ESN ist daher notwendig.

3.4 Praxisbeispiele von Enterprise Social Networks

3.4.1 Microsoft Sharepoint

Abschließend soll sich das Kapitel der Enterprise Social Networks mit der Beleuchtung etablierter Produkte auseinandersetzen. Es wurde zur Ermittlung der marktführenden Produkte auf den „Magic Quadrant for Social Software (Gotta et al. 2015) zurückgegriffen. Die Auswahl ist in diesem Fall auf das Produkt Microsoft Sharepoint gefallen. Die meisten Enterprise Social Networks haben einen Schwerpunkt von der Funktionalität. Die Besonderheit von Sharepoint ist eine ganze Produktpalette abzubilden. Während einige Anbieter sich auf spezielle Dienste konzentrieren, versucht Sharepoint eine Gesamtlösung abzubilden und orientiert sich dabei auf den größten Konkurrenten IBM Connections. Seit Sharepoint 2007 versucht Microsoft kontinuierlich seine Social Networking Funktionen auszubauen. Ziel ist es gegenüber IBM konkurrenzfähig zu bleiben. Eine Zäsur bei dieser Entwicklung ergibt sich durch die Übernahme von Yammer (Heise 2012). Die Social Networking Funktionen, die bis zur Version von Sharepoint 2013 entwickelt wurden werden nun abgelöst durch die Integration von Yammer (Miedl 2015). Yammer wiederum wurde in die Office 365 Umgebung eingebunden, welches mit Sharepoint verbunden ist.

Abbildung 5: Magic Quadrant for Social Software (Gotta et al. 2015)

Funktionen

Benutzer die bereits sich privat mit Social Networks auseinandergesetzt haben, fällt die Handhabung mit Enterprise Social Networks nicht schwer, da die Nutzerführung ähnlich gestaltet ist, jedoch der Fokus der Funktionen sich in Richtung der beruflichen Anwendbarkeit verschiebt. Die wichtigsten Funktionalitäten für den Benutzer von Sharepoint sind nach Reitmeier & Bergfort (2013):

- Listenerstellung und Anpassung
- Kontaktverwaltung und –pflege
- Kalenderfunktionen
- Aufgaben
- Umfragen
- Diskussionen (bzw. Foren)
- Wikis
- Benachrichtigungen

Durch den Zukauf von Yammer konnte Microsoft seine Expertise in der Social Collaboration weiter ausbauen und das Verschmelzen seiner Produkte Sharepoint und Office 365 (in dem Yammer integriert wurde) vorantreiben.

Ansichten und Dokumentverwaltung

Sharepoints Kern beschäftigt sich intensiv mit der Dokumentverwaltung und der damit zusammenhängenden Gestaltung für Ansichten. Letzteres wird nicht nur für Dokumente, sondern auch beim Darstellen von Listen immer wichtiger. Neben Standardeinstellungen für die Ansichten bei Listen, gibt es zahlreiche Möglichkeiten seine Ansichten zu individualisieren und Reiter auszublenden bzw. einzublenden. Der User kann je nach seinen Präferenzen und Bedürfnissen also eine individualisierte Ansicht einrichten und somit Arbeitsprozesse enorm erleichtern. Auch das Bearbeiten von Listen kann durch das sogenannte „Quickedit" erleichtert werden. Der User kann dadurch sofort auf der Benutzeroberfläche einer Microsite bearbeiten ohne nochmals in die Liste zu gehen zu müssen.

Die Dokumentverwaltung gilt ebenso als Herzstück von Sharepoint, da hier eine direkte Verknüpfung zu den Office Produkten wie u. a. Word, Excel, Powerpoint und Outlook möglich ist. Das Einrichten von Bibliotheken (Listen für die Ablage von Dokumenten) dient nicht nur der Ablage, sondern es kann auch sofort aus der Bibliothek heraus das Dokument geöffnet werden und eine Bearbeitung erfolgen. Ein Herunterladen der Datei ist nicht notwendig. Damit nicht mehrere User gleichzeitig Daten überschreiben können ist das sogenannte „Ein- und Auschecken" von Dokumenten notwendig. Darüber hinaus kann bei der Dokumentverwaltung mit Metadaten also einer Verschlagwortung gearbeitet werden und eine Versionierung von Dateien vorgenommen werden.

3.4.2 Yammer

Yammer

Yammer beschreibt sich als Social Network und wurde in 2012 von Microsoft aufgekauft. Mittlerweile wurde Yammer komplett in die Produktpalette Office 365 integriert. An dieser Stelle soll eine kurze Beschreibung über diese Software-Lösung gegeben werden, um zu zeigen inwiefern das ehemalige Konkurrenzprodukt Microsoft Sharepoint von dem Zukauf profitiert.

Yammer wirkt von der Benutzeroberfläche ziemlich ähnlich wie, der Marktführer im privaten Segment der Social Networks: das soziale Netzwerk Facebook. Dies wird u. a. durch die bekannte „Gefällt mir"-Funktion unterstützt. Heute wirbt Microsoft mit den folgenden Funktionen von Yammer (Microsoft 2017):

- Flexible Gruppenbildung
- Externe Einbindung von Geschäftspartnern

- Personalisierte Suche
- Posteingang und Notifications
- Individueller Discovery Feed
- Integration der MS Office Produkte

Die nahtlose Integration der MS Office Produkte war schon vor der Akquisition durch Microsoft stark ausgeprägt. Daher wurden Nutzer von Yammer schon davor angehalten die Office Produkte zu nutzen. Dieser Zwang war einerseits ein Vorteil durch die gute Koppelung der Produkte, andererseits ein Nachteil, da es nur wenige Schnittstellen gab für Sharepoint und Github. Yammer ist, wie bereits erwähnt, Teil des Office 365 Pakets und kostet zwischen 4 und 9 Euro pro Monat pro Person (Reimund).

3.4.3 IBM Connections

Das Produkt Connections oder auch IBM Connections ist ein direkter Konkurrent zu dem hier ausführlich vorgestellten Enterprise Social Network Sharepoint von Microsoft. Der Grund für die direkte Konkurrenz ist die vergleichsweise breite Funktionspalette der Anbieter IBM und Microsoft. IBM selbst beschreibt Connections als ein Social Intranet und vereint somit die Funktionen eines klassischen Intranets mit den Kommunikationsformen eines Social Networks (IBM 2017). Der Fokus dieses Social Intranets liegt auf der Erstellung von Gemeinschaften den sogenannten „Communities", dieser Schwerpunkt konnte sich im Zuge der Weiterentwicklung vom Konkurrenten Sharepoint auch durchsetzen. Neben der Integration von E-Mail und Kalenderfunktionen, Notifications und der Einbindung von mobile Apps ist die Funktionspalette ziemlich ähnlich zu Microsoft Sharepoint. Einzig die interne Kommunikation in IBM Connections mit Einzel- und Gruppenchats war bisher besser gelöst als beim Konkurrenten Sharepoint (Poliandri 2015). Durch die Übernahme von Yammer und der kompletten Integration in Office 365, konnte Microsoft diesen Mangel ausgleichen. Darüber hinaus verfügt Connections über diverse Empfehlungsfunktionen z. B. bei Trend-Themen oder Personenempfehlungen. Die Schnittstellenanbindung ist ausreichend. Allerdings gibt es nur eine Schnittstelle, wenn ein weiteres Collaboration-Tool genutzt werden soll. Diese Schnittstelle ist vorgesehen für den größten Konkurrenten Sharepoint.

Die Kosten belaufen sich auf 6 bis 10 Euro pro User pro Monat und kann mit einer Testphase von rund 60 Tagen ausgiebig getestet werden, bevor eine Entscheidung zur dauerhaften Nutzung fallen muss (Poliandri 2015).

3.4.4 JIVE

Jive selbst beschreibt sich als Enterprise Collaboration Software (Jive Software 2017). Dabei versucht die Software nicht selbst alle Funktionen abzubilden – wie z. B. die Komplett-Lösungen von Sharepoint oder Connections – sondern als Kommunikations-Kanal zu agieren. Dies schafft Jive durch die zahlreichen Anbindungen an externe Software und fungiert als Kommunikationsapparat zwischen diesen. Ein Unternehmen, das bisher viele individualisierte Software Lösungen hat, kann somit seine Lösungen verbinden und Synergien schaffen. Schnittstellen können z. B. zu Microsoft Office, Yammer, Evernote, Google Docs/Drive oder Salesforce gemacht werden. Leider ist bei Jive ziemlich intransparent, bei welcher Lizenzierung welche Schnittstellen unterstützt werden. Zudem ist Jive im Vergleich zu seinen Konkurrenten kostenintensiv mit $5 bis $16 pro Monat pro User, bei denen ggf. noch Aufpreise für bestimmte Schnittstellen hinzukommen können. Für kleine Unternehmen ist Jive also keine ideale Lösung (Poliandri 2015). Falls Jive neu genutzt wird, können durch Gamification Anreize geschaffen werden und die Eingewöhnung an die Nutzung beschleunigen. Dies geht nicht zulasten des Designs, das wirkt im Allgemeinen modern und aufgeräumt.

3.5 Aufbauorganisation von Enterprise Social Networks

3.5.1 Nutzergruppen

Im Rahmen dieser Arbeit soll nicht nur beleuchtet werden, welche Anforderungen die verschiedenen Wissensmanagementmodelle an ein ESN haben, sondern auch, welche Anforderungen an eine Aufbauorganisation innerhalb des ESN gestellt werden müssen. Einerseits muss durch die richtige Auswahl des passenden ESN Produkts die Grundlage geschaffen werden, um einen Mehrwert für die Mitarbeiter und Nutzer des ESN zu schaffen. Andererseits benötigen Enterprise Social Networks vor allem bei der Etablierung des Netzwerkes Multiplikatoren die eine aktive Nutzung des ESN anregen (Rossmann et al. 2016).

Ein Enterprise Social Network kann demnach gut technisch implementiert sein, aber ohne Nutzung seinen Zweck verfehlen und hohe Investitionskosten mit sich bringen, die sich eventuell nicht Amortisieren. Um die Mitarbeiter zu stimulieren auf dem ESN aktiv zu sein, muss bekannt sein, wer die User überhaupt sind. Dörfel (2013) hat dazu Rollen gebildet, die sich in Social Media Kanälen aufhalten:

- Unerfahrenes Community-Mitglied
- Passives Community-Mitglied
- Heavy User
- Experte
- Troll
- Nervensäge

Generell wird es bei der Etablierung eines ESN vermehrt unerfahrene Community-Mitglieder geben. Die meisten User werden danach in den Status des passiven Community-Mitglieds gehen. Dieses Phänomen hat schon 2006 der IT-Berater Jakob Nielsen mit seiner 90-9-1-Regel (Nielsen 2006) bestätigt. Demnach konsumieren 90 % der User passiv Inhalte in einem Social Network, 9 % sind gelegentlich aktiv und beteiligen sich in der Community und 1 % sind Power-User bzw. Heavy-User. Dörfel (2013) unterteilt noch zusätzlich in Experten, die qualitativ hochwertige Beiträge leisten und sich bei fachspezifischen Themen auskennen, die Trolle, die meist durch ihre Beiträge provozieren und die Nervensägen. Letztere provozieren auch mit ihren Beiträgen. Generell wird diesen Usern aber unterstellt, dass dies nicht mit Absicht passiert. Das kann z. B. durch Spam oder Off-Topic Themen passieren.

3.5.2 Governance-Modell

Je stärker eine Community wächst, desto notwendiger ist die Führung in Communities durch z. B. Moderatoren oder Community Manager. Des Weiteren bietet sich ein Führungsmodell für ein ESN auch zu Beginn an, um die Community zu lenken und das Wachstum zu garantieren. Rossmann et. al. (2016) hat dazu ein konzeptionelles Modell für die Governance von ESN aufgestellt:

Abbildung 7: Konzeptionelles Modell für die Governance von ESN (aus Rossmann et al. 2016, S. 76)

Die Rollen in dem Modell können je nach Auslastung und Entwicklung des ESN in Voll- oder Teilzeit ausgeübt werden. In der Regel sind Abteilungen wie die IT, Unternehmenskommunikation oder das Knowledge-Management mit der Betreuung eines ESN betraut und gelten als zentrale Ressource (Rossmann et al. 2016). Ein Ambassador oder Guide sind die sogenannten Influencer, die als Multiplikatoren die Nutzung des ESN anregen sollten. Generell ist es sinnvoll diese Position an Mitarbeiter zu geben, die auch schon vor der Etablierung des ESN stark polarisiert haben im Unternehmen. Zum Schluss gibt es noch die Rollen der

Community Manager, die wahlweise in zentrale und lokale Community Manager eingeteilt werden können. Diese Rollen sind vergleichbar mit Moderatoren, die bereits aus Foren bekannt sind. Die User am unteren Ende des Modells wurden schon ausgehend in der Definition von Dörfel (2013) betrachtet.

3.5.3 ESN-Aufbauorganisation in Relation zu Wissensmanagement

Abschließend wird an dieser Stelle ein kleiner Exkurs zu Kapitel 2 vorgenommen. Dies ist an dieser Stelle relevant, um das Thema Aufbauorganisationen abzuschließen. Aus Gründen der Transparenz und Lesefreundlichkeit ist dieser Themen-Baustein an dieser Stelle angegliedert und nicht im vorherigen Oberkapitel des Wissensmanagements. Um das Modell der Wissensspirale optimal umsetzen zu können, betonen Nonaka & Takeuchi, dass ein traditionelles Managementmodell, sprich Top-Down oder Bottom-up, nicht in Frage kommen. Ihrer Meinung nach wird ein Modell benötigt namens „Middle-up-down" da es bei dem Modell möglich sein muss, zwischen den einzelnen Wissensebenen wechseln zu können, damit die Wissensspirale optimal funktioniert. Es ist hier auch die Rede von einer sogenannten „Hypertextorganisation", weil jedes Mitglied in der Lage sein muss aus verschiedenen Wissensschichten zu agieren. Die drei Koexistenten, die sich daraus ergeben sind: Wissen im Geschäftskontext, neues Wissen aus Projektteams und Wissen aus anderen Unternehmensbereichen. Bisherige Führungsmodelle bilden nicht alle Phasen der Wissensspirale ab, sondern nur partiell. Daher bleibt das Modell der Wissensspirale wohl in den meisten Organisationen und Unternehmen ein theoretisches Konstrukt.

Das Modell der Wissensspirale von Nonaka und Takeuchi (2012) beleuchtet die Aufbauorganisation alleinig im Kontext der Wissensmanagement Modelle. Daher kann kein direkter Vergleich zu den anderen Modellen hergestellt werden.

4 Verknüpfungen von Wissensmanagementmodellen mit Enterprise Social Networks

Diese Arbeit beschäftigt sich mit dem Zusammenhang zwischen Wissensmanagement und Enterprise Social Networks. Insbesondere wie die hier bereits vorgestellten Frameworks des Wissensmanagements durch die Unterstützung von ESN realisiert werden können. Die Charakteristika von Wissensmanagement und Enterprise Social Networks wurden in den vorangegangenen Kapiteln schon beschrieben. In diesem Kapitel soll nun die Verknüpfung zwischen den beiden Bereichen erfolgen. Zur Validierung inwiefern ein Enterprise Social Networks hilfreich sein kann, für das Wissensmanagement, wird die Methode der leitfadengestützten Experteninterviews genutzt. In den folgenden Unterkapiteln wird nun vorgestellt, was die wesentlichen Elemente im Experteninterview sind, nach welchen Rahmenbedingungen die Durchführung erfolgte und wie schlussendlich der Auswertungsprozess und die Ergebnisse ausgefallen sind.

4.1 Methodisches Vorgehen

4.1.1 Definition des leitfadengestützten Experteninterviews

Das Experteninterview ist laut Meuser und Nagel (2009, S. 465) eine Erhebungsmethode, „...das auf einen spezifischen Modus des Wissens bezogen ist – auf Expertenwissen". Grund für die Auswahl dieses Instruments ist die Annahme, dass eine konkrete Validierung der Modelle des Wissensmanagements in der Praxis nur von Experten in diesem Fachbereich beurteilt werden kann. Tatsächlich sind Enterprise Social Networks – wenn angeboten – für alle Mitarbeiter in Unternehmen verfügbar. Daher würde es nahe liegen eine quantitative Auswertung gestützt auf einen Fragebogen vorzunehmen. Aufgrund der Problematik, dass viele Theorien im Wissensmanagement zu abstrakt gehalten sind, müssen Experten zurate gezogen werden, die mit den gängigen Modellen im Wissensmanagement vertraut sind und eine Verbindung von Theorie und Praxis herstellen können. Nur so kann eine direkte Validierung vorgenommen werden. Eine Befragung von Mitarbeitern, die ausschließlich operativ mit ESN arbeiten, aber nicht die eigentlichen Funktionen und Wirkungen dahinter kennen, würde zu einem verklärten Bild führen und zu einem erheblichen Mehraufwand aus den Daten repräsentative Ergebnisse zu erzielen. In der Regel wird das Experteninterview mit der Bezeichnung des „leitfadengestützten Experteninterview" als Synonym verwendet. In dieser Arbeit gilt dies auch und es wird zur Vereinfachung nur der Begriff des Experteninterviews verwendet.

Die Identifikation von Experten ist laut Meuser und Nagel (2009) nicht klar abgrenzbar, da jeder ein Experte sein kann, der in irgendeiner Weise Zugang zu Informationen über das Problemfeld hat. Demnach handelt es sich um Informationen, die nicht der Experte alleine besitzt, aber nicht jedermann zugänglich ist. Meuser und Nagel (2009, S. 471) definieren einen Experten: „…wer in irgendeiner Weise Verantwortung trägt für den Entwurf, die Ausarbeitung, die Implementierung und/oder die Kontrolle einer Problemlösung, und damit über einen privilegierten Zugang zu Informationen über Personengruppen, Soziallagen, Entscheidungsprozesse, Politikfelder usw. verfügt". Aufgrund dieser schwierigen Differenzierung wurde sich auf Personen konzentriert, die sowohl in der Praxis mit Enterprise Social Networks gearbeitet, aber auch den theoretischen Hintergrund aufgrund einer akademischen Qualifizierung haben. Als Gedankenstütze wurden den interviewten Experten ein kurzes Handout gereicht, um beide Themenbereiche zu erläutern und zu prüfen, ob grundlegendes Expertenwissen bei diesem Personenkreis vorhanden ist und das dargestellte Wissen auf dem Handout bereits bekannt ist und wieder aktiviert werden kann, um ein adäquates Feedback im Experteninterview geben zu können.

Das zweite essenzielle Element im Experteninterview ist die Stützung durch einen Leitfaden im Interview selbst. Der Leitfaden an dem sich der Interviewer orientiert dient einerseits dem professionellen Auftreten gegenüber den Experten, andererseits hilft der Leitfaden nicht den Gesprächsfokus zu verlieren und auf das eigentliche Thema zurückzukommen. Falls ein Experte sich in einen Aspekt versteift, kann durch den Leitfaden gegengesteuert werden (Meuser und Nagel 2009). Wie bereits schon erwähnt kann es helfen vor dem Interview ein Handout zu liefern mit den Basis-Informationen zu den Themen und ggf. Fragen an den Experten zu richten. Dadurch kann er seine Gedanken vor dem Interview bereits ordnen und das Interview an sich hat einen optimalen Ablauf für beide Seiten.

Bogner (2005) konstatiert, dass in dem Leitfaden die richtige Balance gefunden werden muss zwischen strukturierten und unstrukturierten Elementen. Es ist wichtig, dass der Interviewte nicht zu stark aus dem definierten Themengebiet aussteigt während des Gesprächs. Allerdings muss auch Raum für unstrukturierte Fragen bleiben, damit der Experte frei und umfassend berichten kann und in der Lage ist seine persönlichen Schwerpunkte zu artikulieren. Als Synonym für diese Balance wird auch von der „geschlossene[n] Offenheit" (Bogner 2005, S. 37) gesprochen werden. Ein weiterer Vorteil eines standardisierten Leitfadens für das Interview ist die Phase nach dem eigentlichen Gespräch. Je stärker ein Experteninterview standardisiert ist, desto komfortabler ist die Auswertungsphase im Nachgang. Darüber hinaus darf die Vergleichbarkeit von Ergebnissen nicht unterschätzt werden. Sie bietet Rückschlüsse, ob ein gleicher Konsens in der Expertengruppe besteht oder Uneinigkeit bezüglich der Thematik besteht.

4.1.2 Konstruktion und Ablauf

Ein idealtypischer Ablauf eines Experteninterviews mit Vor- und Nachbereitungsphase läuft in folgenden Schritten ab (Mayring 2008, S. 70):

- Problemanalyse
- Konstruktion des Leitfadens
- Interview und Aufzeichnung
- Verschriftlichung / Transkription
- Auswertung

Die Problemanalyse gilt an dieser Stelle als obsolet, da sich diese Arbeit eingangs mit der Problemstellung und den Forschungsfragen bereits beschäftigt hat. Der zweite Schritt der Konstruktion eines Leitfadens kann sich an Ratgebern wie von z. B. Mayring (2008) orientieren. Laut Bogner (2005) gibt es allerdings keinen idealen Leitfaden für Experteninterviews. Lediglich eine Orientierung können Standardwerke auf diesem Gebiet sein, da Experteninterviews je nach Themengebiet und der Auswahl an Experten ganz unterschiedliche Ausprägungen haben kann und sollte. Die Konstruktion eines Fragebogens ist also eine individuelle Leistung, die sich an ähnlichen Projekten orientieren kann, aber in seiner Ausprägung individuell spezifiziert werden muss.

In dieser Arbeit orientieren sich die Fragen im leitfadengestützten Experteninterview insbesondere an den Wissensmanagement-Modellen, die eingangs im Kapitel Wissensmanagement definiert und erläutert wurden. Sie werden im Zusammenhang von Enterprise Social Networks abgefragt. Es soll herausgefunden werden, inwiefern ESN als operatives Tool, die Ziele von den Modellen des Wissensmanagements unterstützt. Zusätzlich soll auf den Themenbereich der Aufbauorganisation eingegangen werden, um ESN gewinnbringend einsetzen zu können. Im Zusammenhang mit Wissensmanagement bietet nur das Modell der Wissensspirale von Nonaka und Takeuchi einen Lösungsansatz. Daher wird die Beurteilung zu diesem speziellen Bereich direkt nachgelagert.

Fokusbereiche im Experteninterview:

- Beurteilung mit Zuhilfenahme von Enterprise Social Networks im Zusammenhang vom betriebswirtschaftlichen Baustein-Ansatz nach Probst
- Beurteilung mit Zuhilfenahme von Enterprise Social Networks im Zusammenhang vom pädagogisch-psychologischen Ansatz nach Reinmann-Rothmeier und Mandl
- Beurteilung mit Zuhilfenahme von Enterprise Social Networks im Zusammenhang vom wissenschaftlichen Ansatz (Wissensspirale) nach Nonaka/Takeuchi
- Beurteilung einer Aufbauorganisation im Zusammenhang von Wissensmanagement und Enterprise Social Networks

Die Fokusbereiche wurden im Experteninterview mit spezifischeren Fragen zu den einzelnen Modellen ergänzt, da jedes Modell andere Phasen und einen anderen Aufbau hat. Dabei sollte beachtet werden, dass das Ergänzen von Fragen während des Interviews möglich und auch gewünscht ist, um den größtmöglichen Informationsgehalt aus den Daten schlussendlich zu bekommen. Das Anpassen und ergänzen passiert situativ während des Interviewprozesses (Bogner 2005).

Die Experten werden in dem Interview dazu aufgefordert eine bewertende Stellungnahme zu den einzelnen Modellen in Zusammenhang mit Enterprise Social Networks zu nehmen. Es geht bei der Bewertung insbesondere um die einzelnen Bausteine der Modelle. Sie erhalten eine individuelle Bewertung je Experte. Dadurch wird eine Vergleichbarkeit der Ergebnisse sichergestellt und ein möglicher Konsens kann identifiziert werden.

Der Baustein Ansatz wird hinsichtlich seiner Elemente bewertet in:

- Wissensziele
- Wissensidentifikation
- Wissenserwerb
- Wissensentwicklung
- Wissensteilung
- Wissensnutzung
- Wissensbewahrung
- Wissensbewertung

Der pädagogisch-psychologische Ansatz wird hinsichtlich seiner Elemente bewertet in:

- Wissensrepräsentation
- Wissenskommunikation
- Wissensgenerierung
- Wissensnutzung

Der wissenschaftliche Ansatz bzw. die Wissensspirale wird hinsichtlich seiner Elemente bewertet in:

- Sozialisation
- Externalisierung
- Kombination
- Internalisierung

Zusätzlich wurde eine Bewertung der Aufbauorganisation hinsichtlich von ESN-Strukturen von den Experten abgefragt. Diese zusätzliche Befragung befindet sich nachgelagert, um eine klare thematische Abgrenzung zu erreichen.

4.1.3 Auswahl der Experten

Nach der Konstruktion des Leitfadens für das Experteninterviews müssen geeignete Inter-
view-Partner identifiziert werden. Wie in Kapitel 4.1.1 bereits erwähnt, ist der Status des Experten nicht eindeutig definiert und sollte von dem individuellen Hintergrund der Person ab-
hängig gemacht werden. In dieser Arbeit werden Personen als Experten identifiziert, die einerseits die theoretischen Modelle des Wissensmanagements kennen z. B. durch eine aka-
demische Ausbildung oder Weiterqualifizierung im Beruf. Andererseits sollten die Experten
mit Enterprise Social Networks arbeiten und die operativen Funktionen kennen. Dies kann
entweder durch konzeptionelle oder operative Erfahrung erfolgen. Darüber hinaus müssen
die Experten einen Bezug zu Wissensmanagement im beruflichen Alltag haben, um eine
adäquate Einschätzung abgeben zu können.

Es wurden für das Experteninterview drei Experten ausgewählt. An einigen Stellen wird im
Experteninterview über intern sensible Projekte gesprochen, daher wurde darum gebeten
eine Anonymisierung vorzunehmen. Aufgrund der Einfachheit und dem besseren Lesefluss
wird daher in dieser Arbeit eine Zuordnung durch die Bezeichnungen Experte A, Experte B
und Experte C vorgenommen. Durch diese Vorgehensweise kann ebenfalls auf einen Sperr-
vermerk verzichtet werden. Die Experten haben zugestimmt eine anonymisierte Zuordnung
in Bezug auf Berufsbezeichnung und Branche darzustellen. Daraus ergeben sich folgende
Profile:

- Experte A, Berufsbezeichnung: Geschäftsführung, Branche: NPO-Beratung
- Experte B, Berufsbezeichnung: Consultant Knowledge Management, Branche: Han-
  del und Dienstleistung
- Experte C, Berufsbezeichnung: Senior Projektmanager, Branche: Softwarehersteller

Die Experten wurden durch bereits persönlichen Kontakt und Vermittlung aus dem beruflichen Umfeld rekrutiert. Alle Experten arbeiten im beruflichen Alltag mit Enterprise Social
Networks und kennen die hier bereits vorgestellten Modelle des Wissensmanagements. Eine
qualitative Beurteilung ist somit gegeben. Vorab wurde den Experten ein Handout zum „Auf-
frischen" der Kenntnisse der einzelnen Modelle gereicht und der Aufbau des Leitfadens und
der Elemente, um vorab die Gedanken zu ordnen. Die Ergebnisse wurden während des Interviews bereits verschriftlicht und im Nachgang dem Interviewten vorgelegt, um zu versi-
chern, dass die Gedanken korrekt und im Sinne des Experten festgehalten sind. Somit ist
eine mögliche Fehlinterpretation des Interviewers ausgeschlossen und das Datenmaterial
liefert eine adäquate Qualität (Bogner 2005).

4.1.4 Methoden der Auswertung

Ziel einer Expertenbefragung ist nicht nur durch gezieltes Fragen einen Pool an Informationen und Daten zu erhalten, sondern auch daraus abgeleitet mögliche Annahmen und Ableitungen zu entwickeln. Laut Bortz und Döring (2005) ist die Datenerhebung in einem Experteninterview bereits ein Prozess der Auswertung. Dies liegt daran, dass vorab in einem Leitfaden das Fragenkonstrukt nach Vorstellungen des Interviewers aufgebaut wird. Allerdings sollte der Leitfaden die Möglichkeit bieten aus dem Ablauf auszubrechen und der Interviewer sollte dies auch erlauben. Andererseits ist bei der Auswertung diese Tatsache kritisch zu betrachten, wenn es um die Auslegung der Ergebnisse geht. Bei der Auswertung des Datenmaterials wird sich an der Methodik der hermeneutischen Analyse insbesondere der Querschnitts- und Längsschnittanalyse bedienen.

Laut Bortz und Döring ist es, ratsam bei der Auswertung zunächst eine Struktur zu schaffen, in Form von Kategorien, um die Auswertung zu erleichtern. Dabei kann einerseits induktiv aus dem gewonnenen Datenmaterial vorgegangen werden oder deduktiv aus dem Theoriegerüst. Aufgrund der Orientierung an den Wissensmanagement-Modellen bei der Erstellung des Leitfadens wurde sich in dieser Arbeit für den deduktiven Ansatz entschieden. Die Kategorien lauten also: Wissensziele, Wissensidentifikation, Wissenserwerb, Wissensentwicklung, Wissensteilung, Wissensnutzung, Wissensbewahrung, Wissensbewertung für den Baustein-Ansatz. Für den pädagogisch-psychologischen Ansatz sind es die Kategorien: Wissensrepräsentation, Wissenskommunikation, Wissensgenerierung, Wissensnutzung. Und für den wissenschaftlichen Ansatz bzw. die Wissensspirale sind es die Kategorien: Sozialisation, Externalisierung, Kombination, Internalisierung.

Zunächst werden die Ergebnisse in der Längsschnittanalyse isoliert voneinander betrachtet. Das heißt, jedes Ergebnispaket eines Experten wird individuell bewertet. Dies kann in Form einer eigenen Seite in einem Datenverarbeitungsprogramm erfolgen. Sobald dieser Prozess für alle Experten abgeschlossen ist, werden die gewonnen Erkenntnisse in der Querschnittsanalyse verglichen. Das heißt, die Ergebnisse der Experten werden verglichen und es wird nach einem gemeinsamen Konsens gesucht (Bortz und Döring 2005).

4.2 Auswertungen der Expertenbefragungen

4.2.1 Beurteilungen im Zusammenhang von ESN und dem betriebswirtschaftlichen Baustein-Ansatz nach Probst

4.2.1.1 Wissensziele

Die Ergebnisse zum Baustein der Wissensziele sind bei den befragten Experten eindeutig und von geschlossener Meinung. Experte A meint in Bezug auf ein ESN „In der Regel wird ein solches Tool als operative Unterstützung genutzt und nicht für langfristige strategische Aufgabenpakete." (Zeile A). Diese Meinung teilen die restlichen Experten. Das ESN wird aus der Sicht der Experten zur operativen Unterstützung von Wissensmanagement eingesetzt. Die Zieldefinition ist ein eindeutig strategisches Element, welches eher in Zusammenarbeit und im persönlichen Kontakt mit den betroffenen Parteien erstellt wird. Experte B ergänzt dazu: „Meistens geschieht dies in Form eines Workshops." (Zeile Q). Die Zieldefinition wird als eine doch eher seltene Aufgabe betrachtet (Experte C) und kann damit im Zusammenhang von Enterprise Social Networks vernachlässigt werden.

4.2.1.2 Wissensidentifikation

Grundsätzlich kann der Zusammenhang der Wissensidentifikation mit Enterprise Social Networks bestätigt werden. Die Experten haben verschiedene Elemente genannt wie z. B. die Pinnwand/Timeline (Experte A), das Verschlagworten bzw. Hashtaggen (Experte B) und die klassische Suchfunktion (Experte C) zum Identifizieren von Wissen in einem ESN. Die Benutzung von Schlagwörtern um Wissen zu finden bzw. die eigene Filterung zu erleichtern, hat jeder Experte bestätigt. Experte A filtert somit relevante Inhalte auf der Timeline und Experte B nutzt Schlagwörter z. B. für die Identifikation von anderen Experten. Gleichzeitig gibt es aber auch Hürden in Bezug zur Wissensidentifikation. Der Kulturwandel in eigenen Unternehmen, die noch in traditionellen Führungsstrukturen stecken, hemmt grundsätzlich die Identifikation, da vorhandenes Wissen nicht klassifiziert wird oder nicht geteilt wird (Experte C). Das hat zur Folge, dass vorhandenes Wissen gar nicht gefunden werden kann und somit eine Lücke entsteht von informellen Wissen. Dieser Hinweis ist auch ein wichtiges Element bei der Frage der Wissensteilung, die nachfolgend diskutiert wird. Darüber hinaus wird von der Flut an Wissen und möglichen Algorithmen gewarnt (Experte A). Die automatische Filterung in Netzwerken ist seit dem Hype von Facebook und anderen sozialen Netzwerken etabliert wurden, um relevanten Content den Usern anzeigen zu lassen. Was relevant ist oder nicht entscheidet hierbei der Algorithmus des sozialen Netzwerks. Je weiter sich ESN entwickeln, desto dringender wird die Frage auch dort. Allerdings hat ein ESN eine andere qualitative Dimension. Experte A meint dazu: „Ich sehe das kritisch, da ich nicht glaube, dass Maschinen heute schon in der Lage sind, die Inhalte zu identifizieren, die relevant für mich sind oder nicht, da oft eine kontextuelle Note dahintersteckt." (Zeile B). Die Experten erkennen den Nutzen eines ESN bei der Identifikation an (Experte A, B, C). Allerdings wird auch kritisch reflektiert, dass für einen optimalen Nutzen eine neue Arbeitskultur erforderlich ist (Experte C) und bei Erfolg ein wachsendes ESN vor neuen Herausforderungen steht in Bezug auf die Qualität der Wissensinhalte (Experte A).

4.2.1.3 Wissenserwerb

Grundsätzlich kann ein positiver Zusammenhang zwischen Wissenserwerb und einem ESN festgestellt werden. Zwei von drei Experten betonen, dass es Möglichkeiten zu internen Schulungen gibt (Experte A, B) und bei entsprechender Entwicklung auch Potenzial zur Erweiterung dieses Bereiches gibt. Experte B hat darauf hingewiesen, dass der Einsatz von Erweiterungen (Add-Ons) in bestehende ESN sinnvoll sein kann, um Elemente des Wissenserwerbs umzusetzen (Zeile S). Da die meisten ESN über den Internetbrowser aufgerufen werden, kann auch mit externen Quellen oder Anbietern zusammengearbeitet werden (Experte A). Die Integration von Schulungen, die kein internes Sicherheitsrisiko darstellen, können somit auch über Drittanbieter mit entsprechender Verlinkung im ESN etabliert werden. Generell muss in diesem Zusammenhang geprüft werden, welcher Mehrwert gegenüber den Kosten steht. Experte B konstatiert in Bezug auf seine berufliche Erfahrung: „Bisher ist das ein Pilotprojekt und wir werten noch aus wie der Kosten-Nutzen-Effekt schlussendlich ist." (Zeile S). Den Aspekt der Weiterbildung durch ESN sieht Experte C eher kritisch: „Ich halte ein ESN für den direkten Wissenserwerb also in Form von Schulungen eher schwierig (...)" (Zeile AI). Allerdings schließt er ein ESN zur Unterstützung des Wissenserwerbs nicht aus. So weist er darauf hin, dass externe Schnittstellen in ein ESN integriert werden können und so Informationen für Strategie- oder Entwicklungsabteilungen sinnvoll das ESN eingespeist werden können. „Sehr viel synergetisches Potenzial sehe ich da." (Zeile AI). Eine Verknüpfung von Wissenserwerb und ESN kann laut den Aussagen der Experten also zugestimmt werden. Vor allem in Themen der Personalentwicklung (Experte A und B) und in der Nutzung von externen Schnittstellen, um regelmäßiges Benchmarking zu betreiben (Experte C), kann neues Potenzial entstehen.

4.2.1.4 Wissensentwicklung

Bei dem Baustein der Wissensentwicklung lässt sich kein eindeutiger Konsens finden, ob ein ESN eine gute Unterstützung bietet. Einerseits können Foren zu Spezial-Themen als ein Wissensspeicher genutzt werden und neue Erkenntnisse daraus erschlossen werden (Experte A). Somit ist eine Wissensentwicklung durch Tools möglich. Darüber hinaus kann das

ESN als Ergänzung genutzt werden. An dieser Stelle wurde das physische Storytelling genannt, welches durch digitales Storytelling unterstützt und vertieft werden kann über die Präsenzphasen hinaus (Experte A). Einen weiteren unterstützenden Charakter haben Umfragen und Auswertungen im ESN die im Ergebnis zu Lessons Learned verarbeitet werden können (Experte C). Experte B sieht in Bezug auf die Wissensentwicklung keinen positiven Beitrag durch ESN. „Die mediale Umgebung eines ESN halte ich nicht für bereichernd, um ein solches Wissen neu zu entwickeln." (Zeile T). Wissensentwicklung wird seiner Meinung nach eher durch interaktivere Formate wie Design-Thinking unterstützt. Ein ESN hat in diesem Bezug nur einen dokumentierenden Charakter von anderen Prozessen, die die Wissensentwicklung wirklich vorantreiben (Experte B). In Bezug auf die gemeinsame Dokumentation – Stichwort zeitgleiches Bearbeiten von Dokumenten – und das dort entstehende Wissen ergänzt Experte A: „… man überschreibt versehentlich neue Daten. Das ist ein Problem, was noch besser gelöst werden muss, aber einen großen Mehrwert für die Entwicklung von Wissen bieten würde." (Zeile D). Zusammenfassend lässt sich sagen, dass ein ESN eher einen unterstützenden Charakter für die Wissensentwicklung hat (Experte A, C). Methoden wie Story-Telling (Experte A) oder Lessons-Learned (Experte C) können diese Unterstützung durch ESN gewinnbringend einsetzen. Allerdings gibt es auch kritische Anmerkungen, dass ein ESN im Bezug der Wissensentwicklung nur eine Dokumentations-Funktion hat (Experte B) und eine Wissensentwicklung oft auch gestört sein kann und unzureichende Funktionalität im gemeinsamen Arbeiten (Experte A) Synergien verhindert.

4.2.1.5 Wissensteilung

Die Wissensteilung ist das zentrale Element eines Enterprise Social Network (Experte A, B, C). Daher kann ein Zusammenhang klar bestätigt werden. Die vielen verschiedenen Formate wie Posts, Links, Foren, Podcasts, Umfragen etc. bieten in dieser Hinsicht den größten Mehrwert (Experte A, C), da unterschiedliche Inhalte mit unterschiedlichen Formaten verbreitet werden können. Darüber hinaus ist die Wissensteilung einfach und unkompliziert (Experte C) umzusetzen und bietet somit einen echten Mehrwert. Experte A und B betonen, dass es vor der Entwicklung von Social Software schon Möglichkeiten gab Wissen zu teilen, aber erst durch die Bündelung und den komfortablen Gebrauch eine Synergie geschaffen wird, wie es ein ESN tut. Experte A kommentiert dazu: Gäbe es [diese Synergien] nicht, wäre ein ESN wohl irrelevant, da es davor schon Kanäle zum Kommunizieren, zum Teilen und zum Archivieren gab." (Zeile E). Darüber hinaus lässt sich die Annahme konzipieren, dass Menschen automatisch zum Teilen angeregt werden, sobald sie die Relevanz in anderen Beiträgen erkannt haben: „Wenn wir das [Selektieren] erfolgreich geschafft haben, wollen wir die Inhalte die für uns wichtig erscheinen auch anderen mitgeben." (Zeile AK). Somit entsteht ein Kreislauf, der eigene gewisse Eigendynamik erzeugt und das ESN wachsen lässt. Darüber hinaus kann das Teilen auch durch eine Vorbildfunktion (Experte B) angeregt werden. Im Baustein der Wissensidentifikation hat Experte B schon Anmerkungen zum Wissens-Egoismus gegeben. Personen geben vor das ESN nicht zu nutzen, da das Selektieren und Teilen zu viel produktive Arbeitszeit in Anspruch nehme. Ein gutes Argument um diese Annahmen zu widerlegen ist der Einsatz von Push-Notifications, wenn relevante Inhalte anhand von Schlagwörtern gepostet werden (Experte B). Zusammenfassend kann der Baustein der Wissensteilung als durchaus positiv im Zusammenhang von ESN bewertet werden. Die zahlreichen Möglichkeiten (Experte A, C) und die entstehende Eigendynamik im Teilen (Experte C) werden durch ein ESN sehr stark unterstützt. Hilfsmittel wie Notifications (Experte B) helfen bei der Filterung von relevanten Inhalten, die dann geteilt werden können. Kein Experte zweifelt an dem Zusammenhang zwischen Wissensteilung und einem ESN. Experte A ergänzt dazu: „Es ist der Mix, den Enterprise Social Networks, so relevant für das Wissensmanagement macht." (Zeile E).

4.2.1.6 Wissensnutzung

Das vorhandene Wissen zu nutzen ist ein relevantes Element im Wissensmanagement. Um einen Wettbewerbsvorteil haben zu können, ist es wichtig die vorhandenen Ressourcen zu nutzen und einen Wissensvorsprung auszubauen. Ein ESN kann dafür die nötige Infrastruktur bieten und Wissen zur Verfügung stellen um es zu konsumieren. Generell sind sich die Experten einig, dass die Wissensnutzung durch das zur Verfügung stellen in einem ESN unterstützt wird (Experte A, B, C). Allerdings beschreiben alle Experten, dass die Nutzung stark von der gelebten Kultur in dem Unternehmen abhängt. Experte B bestätigt, dass „...ein Digital Native ganz anders mit dem ESN umgeht als ein Kollege, der kurz vor der Rente steht." (Zeile V). Daher kann die Annahme getroffen werden, dass sich eine Verschiebung der Nutzung zwischen jüngeren und älteren Nutzergruppen feststellen lässt (Zeile V). Experte C konstatiert, dass sich ein ESN auch für Nutzergruppen lohnt, die häufiges Fragen bei Kollegen vermeiden möchte und durch das ESN eine gute Informationsquelle finden kann.

Bei den befragten Experten A und B wird dazu übergegangen, dass nicht vollumfänglich durch alle Schichten in der Organisation eine Nutzung angeregt wird. Einerseits werden neue Kollegen durch das „Onboarding" mit den Vorzügen des ESN vertraut gemacht um sie einzuarbeiten (Experte A). Andererseits wird aktiv bei den jungen Zielgruppen wie Praktikanten, Auszubildenden und Werkstudenten durch Workshops eine aktivere Nutzung angeregt (Experte B). Letzteres geschieht mit der Absicht „... einen viralen Effekt in die oberen Altersschichten des Unternehmens [auszulösen]." (Zeile V).

Experte A und C geben noch zu bedenken, dass die Nutzung von einem ESN in Bezug auf das Wissen durch regelmäßiges Reporting unterstützt werden muss. Es muss gemessen werden, welche Nutzungsgruppen das ESN diesbezüglich nutzen und welche Bereiche zusätzlich aktiviert werden müssen. Experte B hat herausgefunden „…,dass vor allem zu Beginn Multiplikatoren eingesetzt werden müssen oder auch Influencer im Unternehmen." (Zeile V), um eine kontinuierliche Nutzung zu fördern. Allerdings sind sie sich einig, dass ein Monitoring-Tool notwendig ist, um Aktivitäten zu messen (Experte A, C).

Zusammenfassend ist die Nutzung von Wissen mit einer ESN-Infrastruktur ein Vorteil, da dort Dokumente und andere Formate gespeichert werden können und ein einfaches Konsumieren ermöglichen für alle Zielgruppen in einem Unternehmen. Das Nutzen an sich ist aber mit der gelebten Unternehmenskultur verknüpft (Experte A, B). Ein ESN zu etablieren ist also nicht nur das Bereitstellen der Software, sondern auch die Mitarbeiter zu aktivieren, dass diese Software bewusst und gewinnbringend genutzt wird. Um das erreichen können jüngere Mitarbeiter als Multiplikatoren eingesetzt werden (Experte B). Insgesamt lässt sich die Nutzung nur nachvollziehen, wenn professionelles Monitoring betrieben wird (Experte A, C), um die Entwicklungen in einem ESN besser zu steuern.

4.2.1.7 Wissensbewahrung

Der Baustein der Wissensbewahrung ist grundsätzlich gegeben in einem ESN (Experte A, B, C). Die inhaltliche Struktur nach Probst, wird von allen Experten hingegen infrage gestellt. Vor allem der letzte Prozessschritt der Aktualisierung wird kritisch gesehen. Experte B meint dazu: „Alle lade Inhalte auf das ESN, aber fast niemand fasst die Daten danach noch einmal an." (Zeile W). Die zwei vorgelagerten Schritte die Selektion und die Speicherung treffen bei den Experten auf Zustimmung (Experte A, B). Das Problem mit der häufig nicht konsequent durchgeführten Aktualisierung führen die Experten auf ein falsches Bedienen des Nutzers hin. „Das ESN ist sehr wohl in der Lage sauber zu Strukturieren und Regeln einzubauen, der Mensch vergisst es nur." (Zeile AM). Experte A ergänzt dazu, dass dieser Prozessschritt durch einen technischen Workflow ergänzt werden sollte. Der Experte spricht in diesem Fall von „eine[r] technische[n] Hilfe die auf ein Verfallsdatum von Daten hinweist." (Zeile G). Dadurch wird der Ersteller eines Datensatzes aufgefordert, die Haltbarkeit zu überprüfen und das Dokument o.ä. zu pflegen und ggf. zu löschen. Experte A gibt noch zu bedenken, dass das Löschen nicht in jedem Fall positiv besetzt ist. Eine Archivierung von historischen Daten kann nützlich sein, um Entwicklungen besser nachvollziehen zu können (Experte A). Es muss eine Balance gefunden werden zwischen relevanter Archivierung von Daten und der konsequenten Pflege, um einerseits qualitative Inhalte zu haben und andererseits Datenballast zu vermeiden, der nicht mehr benötigt wird.

Zusammenfassend ist die Wissensbewahrung gut abzubilden in einem ESN. Es können alle Dokumente an einem Ort abgelegt werden und die strukturiert aufbereitet werden. Alle Experten weisen auf die Problematik der Aktualisierung hin, da viele Daten ihre Gültigkeit verlieren können, aber es noch keinen geeigneten Workflow gibt, um systematisch bereinigen zu können. Die Experten A und C schlagen vor dieses Problem mit einer technischen Erweiterung zu lösen dem „Haltbarkeitsdatum für Daten" (Zeile G).

4.2.1.8 Wissensbewertung

Der Baustein der Wissensbewertung ist wie der Baustein der Wissensziele von strategischer Natur. Generell werden von Experten die Perspektiven der quantitativen Bewertung und qualitativen Bewertung eingebracht (Experte A, B, C). Die Auswertungsmethoden, die auch schon heute vermehrt zum Einsatz kommen, sind meistens von quantitativer Natur. Das können z. B. Lesehäufigkeit, Teilen oder Likes sein (Experte C). Oder generell nur die Aktivität von Usern, die zusammengefasst wird im ESN selbst (Experte A, B). Die Ressource Wissen wird in erster Linie als eine qualitative Ressource gesehen. Der direkte Nutzen von einem ESN in Bezug auf die Wissensbewertung ist daher nicht gegeben (Experte A). Experte A ergänzt dazu: „Nach meinen Erfahrungen können Maschinen noch nicht qualitativ ausreichend bewerten. Das kann sich allerdings ändern, da künstliche Intelligenz immer weiter fortschreitet." (Zeile H). Experte B und C unterstützen diese Ansicht und geben zu bedenken, dass die qualitative Einordnung momentan nur von Menschen selbst kategorisiert werden kann (Experte B). Im Hinblick auf die zunehmenden Datenströme in einem ESN bei intensiver Nutzung muss auch die Einführung von Algorithmen betrachtet werden (Experte C). Eine Messung was qualitativ hochwertig ist, kann nicht nur für die Bewertung der Wissensziele auf strategischer Ebene wichtig sein. Das Sortieren nach den relevanten Inhalten in einem ESN selbst ist auch auf operativer Ebene von größter Wichtigkeit, um ein komfortables Bedienen und schnelles finden von Inhalten zu gewährleisten.

Zusammenfassend ist der Baustein der Wissensbewertung noch stark in der strategischen Phase des Wissensmanagements verankert. Daher wird kein großer Nutzen in einem operativen ESN gesehen. Die Auswertung auf quantitativer Basis wird überlagert von Auswertung auf qualitativer Basis, da Wissen eine qualitative Ressource ist. Die Experten sind sich einig, dass es in naher Zukunft Tools im ESN geben muss oder als externe Add-Ons, die eine solche qualitative Bewertung vornehmen können, um die Effizienz eines ESN weiterhin gewährleisten zu können. Im Hinblick dazu wurden Algorithmen und künstliche Intelligenz als potenzielle Lösungselemente genannt.

4.2.2 Beurteilungen im Zusammenhang von ESN und dem pädagogisch-psychologischen Ansatz nach Reinmann-Rothmeier und Mandl

4.2.2.1 Wissensrepräsentation

Der Prozess der Wissensrepräsentation beinhaltet das Identifizieren von Wissen und gleichzeitig das Aufbereiten von impliziten in explizites Wissen. Experte A und Experte C sehen hier einen konkreten Zusammenhang zum Baustein-Ansatz, der diese Schritte nochmals unterteilt und ferner auch in einer abstrakteren Weise im wissenschaftlichen Ansatz von Nonaka und Takeuchi. Die bereits gezeigte Zustimmung bei dem Baukasten-Modell wird hier fortgesetzt und der direkte Zusammenhang zu einem ESN als Unterstützung ist gegeben (Experte A, C). Der Prozess der Wissensrepräsentation ist Bestandteil des pädagogisch-psychologischen Ansatzes und kann daher mit einem anderen Schwerpunkt betrachtet werden. Experte B weist drauf hin, dass die Repräsentation vor allem von dem Wissensträger – also dem Menschen – ausgeht. Einerseits kann durch ein ESN eine Akzeptanz geschaffen werden, die zum Teilen und Präsentieren von eigenem Wissen als Plattform dient. Andererseits kann ein ESN Barrieren aufbauen aufgrund der wertvollen Ressource Wissen. Experte B ergänzt dazu: „Auf der anderen Seite kann es aber auch eine Barriere sein, weil einige in ihrem Spezialwissen den eigenen USP [Unique Selling Point] sehen ..." (Zeile AC).

Zusammenfassend wird der Prozess der Wissensrepräsentation als sinnvoller Bestandteil eingestuft. Vor allem das Identifizieren von Wissen und das Aufbereiten wird durch ein ESN gefördert (Experte A, C). Allerdings muss auf der psychologischen Ebene auch der Mitarbeiter geschult werden, da sonst Barrieren bei der Wissensteilung auftreten können (Experte B).

4.2.2.2 Wissenskommunikation

Der Prozess der Wissenskommunikation wird durch den Einsatz von ESN sehr gut gefördert (Experte A, B, C). Bei der Wissenskommunikation geht es einerseits um das Teilen von Wissen und andererseits wie das Wissen optimal an die Zielgruppen gelangt, die es brauchen. Experte A ergänzt dazu, dass es „...sehr gute Möglichkeiten [gibt] die Kommunikation zu erleichtern und sie auch spielerisch und auf andere kreative Arten darzustellen." (Zeile N). Experte C weist auf eine ähnliche Vorgehensweise im Baustein-Modell hin. Die Prozesse dort sind allerdings in kleinere Arbeitspakete aufgeteilt, wohingegen der pädagogisch-psycholgische Ansatz in vier zentrale Elemente konsolidiert hat. Ein ESN kann bei Wissenskommunikation auch helfen bei der zielgruppengenauen Ausspielung (Experte B). Bei diesem Aspekt steht nicht nur das einfache Verbreiten von Wissen im Fokus, sondern das Verbreiten ohne Streuverluste. Oft werden Inhalte im ESN an alle im Netzwerk geteilt. Leider wird Wissen dadurch nicht explizit adressiert und es erreicht nicht alle für die das Wissen relevant gewesen wäre. Experte B spricht hier von einem „segmentierten Ausspielen" (Zeile AD), um Wissen zu der Zielgruppe zu transportieren für die es die höchste Relevanz hat.

Zusammenfassend haben alle Experten der Relevanz zwischen Wissenskommunikation und der Hilfe durch ein ESN zugestimmt (Experte A, B, C). Das ESN bietet viele Möglichkeiten die Kommunikation durchzuführen, aufgrund der vielen Formate (Experte A). Darüber hinaus kann die Wissenskommunikation helfen gezielt Wissen auszuspielen an die Zielgruppe, die einen Mehrwert davon hat. Dies kann z. B. durch das Segmentieren von Inhalten passieren (Experte B).

4.2.2.3 Wissensgenerierung

Der Prozess der Wissensgenerierung wird von den Experten als kritisch eingeschätzt (Experte A, B, C). Generell glauben die Experten, dass es sich bei der Generierung um zwischenmenschliche Kontakte handelt, aus denen neues Wissen generiert werden kann, aufgrund der pädagogisch-psychologischen Komponente dieses Modells (Experte A, B). Die Generierung entsteht aus einem Kollektiv heraus (Experte A) und kann dadurch nur durch ESN einen unterstützenden Charakter haben. Experte B ergänzt dazu: „Bei diesem Schritt geht es also vor allem um das Reflektieren, welches Wissen ich habe." (Zeile AE). Mögliche Formate für die Wissensgenerierung im pädagogisch-psychologischen Modell sind das Coaching oder Workshops (Experte B). Darüber hinaus weist Experte C auf die Wissensnetzwerke hin, die Bestandteil der Wissensgenerierung sind. Um neues Wissen zu generieren ist das Kollektiv notwendig (Experte A, B). Das ESN kann helfen dieses Kollektiv zusammenzubringen. Experte C berichtet diesbezüglich aus einem Praxisprojekt der „Knowledge-Map ... Ziel ist es nicht mehr selbst die Experten aus dem ESN zu filtern und daraus eine logische Clusterung zu machen, sondern die Karte soll sich je nach Einstellungen dynamisch selbst erzeugen." (Zeile AU). Es kann dem Prozessschritt der Wissensgenerierung unterstellt werden, dass es nur eine unterstützende Funktion durch ESN erhält. Zusammenfassend halten die Experten den Einsatz eines ESN für die Wissensgenerierung im pädagogisch-psychologischen Modell für nicht notwendig (Experte A, B). Bei diesem Modell steht der Mensch im Vordergrund, der eher im persönlichen Kontakt neues Wissen generiert. Ein ESN kann jedoch eine Hilfestellung geben, die richtigen Personen zu identifizieren (Experte C).

4.2.2.4 Wissensnutzung

Die Wissensnutzung ist ein Bestandteil der in identischer Weise auch in dem Baustein-Modell, nach Probst, enthalten ist. Daher wird an dieser Stelle auf Kapitel 4.2.1.6 Wissensnutzung verwiesen, da die Aussagen dazu identisch sind.

4.2.3 Beurteilungen im Zusammenhang von ESN und dem wissenschaftlichen Ansatz nach Nonaka und Takeuchi

4.2.3.1 Sozialisation

Die Phase der Sozialisation beschreibt den Austausch von implizitem Wissen. Es werden direkt die eigenen Erfahrungen mit anderen geteilt, ohne sie zu externalisieren. Das funktioniert bei Personen, die einen gleichen kontextuellen Hintergrund haben, wie z. B. Kollegen aus der gleichen Abteilung, die sich mit dem Tagesgeschäft auskennen und bei denen Erläuterungen zu Prozessen oder internen Besonderheiten nicht notwendig sind. Generell herrscht zu diesem Prozessschritt der Konsens, dass es sich um keine Bereicherung handelt, wenn ein ESN unterstützt eingesetzt werden würde. Erfahrungswissen wird meist persönlich Face-To-Face übermittelt (Experte A, C) oder durch Methoden wie Erfahrungsaustausch oder Brainstorming. Experte C sagt: „Meiner Meinung nach Methoden, die man nur persönlich abbilden kann. Ich erkenne keinen Vorteil, den ein ESN bringen könnte." (Zeile AO). Sobald dieses Wissen in einem ESN aufbereitet wird, handelt es sich nicht mehr um Sozialisation, sondern schon um das Umwandeln also die Externalisierung (Experte A). Experte B gibt den Hinweis, dass die wissenschaftliche Theorie zu einer Zeit entstanden ist in der es noch keine Social Software gab und deswegen eine konkrete Verbindung schwierig ist. Allerdings könnte ein ESN bei der Initiierung der Sozialisation helfen: „Ich glaube, ein ESN kann helfen diesen [Erfahrungsaustausch] stattfinden zu lassen, weil man schneller Personen mit ähnlichen Erfahrungswerten identifizieren kann." (Zeile Y). Zusammenfassend kann keine konkrete Verbindung zwischen Sozialisation und dem Einsatz von ESN gefunden werden. Die Experten sehen bei dieser Phase eher den persönlichen Austausch (Experte A, C). Ein ESN kann allerdings Vorteile bringen diesen Prozess der Sozialisation schneller einleiten zu können z. B. durch die schnellere Identifikation in einem ESN (Experte B).

4.2.3.2 Externalisierung

„Ich sehe ESN als großen Mehrwert die Externalisierung von Wissen." (Experte B, Zeile: Z). Dieser Aussage stimmen alle befragten Experten zu. Bei der Externalisierung geht um die Umformung von implizitem Wissen in explizites Wissen. Ein ESN bietet für die Aufbereitung viele Möglichkeiten wie Direktnachrichten, Feeds, Blogs oder auch Videoblogging (Experte A). Vor allem der kollaborative Charakter durch die verschiedenen Medienformate wird positiv herausgestellt (Experte C). Experte B geht noch einen Schritt weiter, er sehe „...die größte Übereinstimmung bei der Frage wie das Modell der Wissensspirale mit ESN zusammenhängt." (Zeile Z). Allerdings weist er auch darauf hin, dass bei der Umwandlung von impliziten in explizites Wissen immer ein Teil des Inhaltes verloren geht, da nicht alles transformiert werden kann (Experte B). Die Formate im ESN zur Wissenstransformation sind schon heute sehr vielfältig, jedoch gibt es auch Beobachtungen bezüglich der populären Social Networks wie Instagram oder Snapchat (Experte A). Inhalte, auch im beruflichen Kontext, über Bilder darzustellen wird als Trend angesehen, der noch weiterentwickelt werden muss: „Es muss nur noch ein Konzept geschaffen werden, wie relevante Geschäftsinhalte in Bildformate transformiert werden können, um auch einen Mehrwert zu schaffen." (Experte A, Zeile J).

Zusammenfassend wir der Wert eines ESN in Bezug auf die Externalisierung als sehr hoch eingestuft (Experte A, B, C). Die vielfältigen Möglichkeiten in einem ESN sind schon heute sehr bereichernd. Besonders in kollaborativen Arbeitsweisen. In Zukunft wird ein Trend zu Inhalten im Bildkontext, audiovisuellen Medien oder in Kombination (Vlogging) gesehen (Experte A).

4.2.3.3 Kombination

Zwischen einem ESN und dem Prozess der Kombination sehen zwei von drei Experten eine starke Verbindung und mögliche Synergien (Experte A, B). Bei diesem Prozess geht es um das optimale Kombinieren von explizitem Wissen. Dies kann in Form von Sortieren oder Clustern stattfinden. Ziel ist es bereits externalisiertes Wissen so miteinander zu kombinieren, dass ein Mehrwert geschaffen wird. Als Beispiel können Anleitungen genannt werden, die in der gleichen Produktionsphase relevant sind und in Kombination den Gesamtprozess transparenter machen. Das ist vergleichbar mit einem Puzzle, das schneller gelöst werden kann, wenn man das endgültige Bild kennt, sprich den Gesamtzusammenhang. Experte B nennt an dieser Stelle die verschiedenen Medienformate, die in Kombination einen Mehrwert bieten können und somit konsumierbar werden für weitere Zielgruppen (Zeile AA). Ein weiterer Mehrwert in der Kombination kann das Zusammenfügen von aktuellem und vergangenem explizitem Wissen sein. Das ESN ermöglicht eine einfachere Clusterung durch die Suchfunktion und die Verschlagwortung (Experte B), somit können schneller zusammenhängende Inhalte gefunden werden. Experte A ergänzt dazu: „…Lessons Learned […] halte ich für unglaublich stimulierend in der Projektarbeit." (Zeile K). Darüber hinaus gibt es auch kritische Stimmen, ob die Kombination einen Mehrwert durch das ESN erfährt. Experte C weist darauf hin, dass ein ESN nur eine unterstützende Funktion hat. Das Kombinieren selbst muss der Mensch übernehmen. „Ein ESN kann da helfen, aber den Mehrwert der Kombination wird schlussendlich vom Menschen erzeugt, der bewertet." (Zeile AQ).

Zusammenfassend wird der Prozess der Kombination als überwiegend positiv bewertet (Experte A, B). Das Zusammenfügen von Inhalten kann insbesondere beim Clustern (Experte B) und durch das Erstellen von Lessons Learned (Experte A) einen Mehrwert erzeugen. Allerdings sollte erwähnt werden, dass das ESN nur unterstützend eingesetzt werden kann, da eine Bewertung und Clusterung nach subjektiven Kriterien der Qualität erfolgen muss (Experte C).

4.2.3.4 Internalisierung

Der Prozess der Internalisierung ist das Überführen von expliziten Wissen in eigenes implizites Wissen. In der Regel geschieht dies durch „Learning by doing", daher ist der gemeinsame Konsens der Experten, dass es keinen Zusammenhang mit einem ESN diesbezüglich gibt (Experte A, B, C). Es wird bemängelt, dass ein ESN nur als Speicher dient in dem z.B. Prozesse, als Handbuch hinterlegt sind (Experte A), aber das Umsetzen an sich nicht durch das ESN unterstützt wird. Experte B konstatiert, dass ein ESN nur beim Reflektieren helfen kann Inhalte zu verinnerlichen (Zeile AB). Es kann also vor- oder nachgelagert werden beim Prozess der Internalisierung. Generell kann die Annahme getroffen werden, dass ein ESN bei der Internalisierung nur einen unterstützenden Charakter hat und eine schwache Relation dazu. Experte C ergänzt dazu: „Das einzige Element was helfen kann,, sind Videoanleitungen oder generell Schritt-für-Schritt Anleitungen in einem ESN, aber es ist kein direkter Vorteil, den ich nicht auch per E-Mail hätte oder jemand der neben mir steht und es erklärt." (Zeile AR). Zusammenfassend kann dem Prozess der Internalisierung nur eine schwache Bedeutung in Bezug auf ein ESN zugeschrieben werden. Dieser Prozess spielt sich in den Köpfen der beteiligten Personen ab und das ESN kann nur vorgelagert durch z. B. Handbücher (Experte A) oder nachgelagert durch Reflexionsmöglichkeiten (Experte B) eine unterstützende Komponente einnehmen.

4.2.4 Beurteilungen im Zusammenhang von ESN und der Etablierung einer Aufbauorganisation

Generell stimmen die Experten (A, B, C) der Notwendigkeit einer Aufbauorganisation innerhalb des ESN zu. Dies wird dadurch begründet, dass es sich auch in einem ESN um soziale Systeme handelt, die eine Führung benötigen (Experte B). Allerdings wird von den Experten der Umfang der Rollen kritisch gesehen. In einigen Unternehmen ist das ESN noch nicht sehr weit entwickelt und es eignen sich eher Rollen, die neben der hauptamtlichen Tätigkeit des Mitarbeiters verrichtet werden sollten (Experte C). Allerdings hängt dies von der der Größe, Kultur und dem generellen Fortschritt in Informations- und Kommunikationstechnologien des Unternehmens ab (Experte A). Sofern ein Unternehmen mehrere tausend Mitarbeiter hat, sollte von Beginn eine professionelle Bearbeitung mit dem Thema ESN erfolgen. Dazu gehört es nicht nur die technische Infrastruktur zu stellen, sondern das ESN kontinuierlich weiterzuentwickeln. Experte A ergänzt dazu: „In der Zielgestaltung muss schon verankert sein, dass das zur Verfügung stellen des ESN nur ein Meilenstein sein kann und nicht das Endergebnis." (Zeile AW). Des Weiteren lässt sich eine Kompetenzteilung feststellen. Das ESN liegt nicht nur in der Verantwortung einer Abteilung, sondern wird im Tandem zwischen technischen und konzeptionellen Abteilungen (Experte B). Bei allen Ergebnissen hat sich herausgestellt, dass bisher eine klare Definition von Rollen nicht gelebt wird in der Praxis.

Die Ersteller von Microsites oder Communities werden oft automatisch zu den jeweiligen Community Managern (Experte B) oder es gibt keine definierten Ansprechpartner oder nur sehr intransparent dargestellt (Experte A). Experte C regt dazu an diese Rollen bereits in die Tätigkeitsbeschreibungen von Stellenausschreibungen zu berücksichtigen, um ein besseres Verständnis für die Wichtigkeit des ESN und der verbundenen Tätigkeiten dort zu haben: „Eventuell wird den Mitarbeitern dann mehr bewusst, welchen Stellenwert ein ESN hat. Generell muss dieses Wertgefühl aber von der Führung ausgehen." (Experte C, Zeile AY). Letzterer Aspekt wird von den Experten A und B weitergeführt. Ihrer Meinung nach muss die personelle Ausstattung, die das das ESN fachlich und konzeptionell betreut auch in der Zieldefinition vor Einführung eines ESN berücksichtigt werden. Experte B ergänzt dazu: „Es ist schwierig, die Bereichsleitung zu überzeugen, dass es neben der kostenintensiven Infrastruktur auch spezielles Personal in bestimmten Rollen geben muss für ein erfolgreiches ESN." (Zeile AX).

Zusammenfassend wird die Notwendigkeit einer Führungsstruktur im ESN als wichtig angesehen. Bisher gibt es in der Praxis der befragten Experten nur eine geringe und eher unkonkrete Ausformulierung von Führungsstrukturen (Experte A, B). Daher wird empfohlen schon vor Einführung eines ESN den Zielhorizont nicht nur auf die technische Infrastruktur zu lenken, sondern auch die personelle Ausstattung zu berücksichtigen, die technisch aber auch konzeptionell weiterentwickelt und so ein effizientes ESN sicherstellt.

4.3 Erkenntnisse der Expertenbefragungen

Im folgenden Abschnitt soll im Resümee erläutert werden inwiefern operative Tools aus der Kategorie der Enterprise Social Networks einen Nutzen für die zuvor bewerteten Frameworks bieten. Darüber hinaus wird ein direkter Vergleich vorgenommen zwischen den einzelnen Modellen. Abschließend wird identifiziert, welches Modell die größten Synergien mit einem Enterprise Social Network ergeben.

4.3.1 Baustein Ansatz nach Probst

Der Baustein der Wissensziele hat keine Relevanz, da ein ESN keinen Mehrwert bietet. Die Wissensidentifikation hat einen hohen Stellenwert in Bezug auf ESN, da Mechanismen wie Suche oder Schlagwörter das Identifizieren erleichtern. Es wird allerdings davor gewarnt bei einer zu großen Masse an Wissen Algorithmen zu nutzen, da Unternehmenswissen und privates Wissen verschiedene qualitative Dimensionen haben. Der Baustein des Wissenserwerbs kann grundsätzlich durch ein ESN gefördert werden. Häufig durch den Einsatz von Drittanbietern in das eigene ESN. Generell kann eine unterstützende Leistung des ESN für den Wissenserwerb zugeschrieben werden. Die Wissensentwicklung hat in Bezug auf ein

ESN nur eine leicht unterstützende Funktion. Prozesse in denen neues Wissen entwickelt werden kann, basiert häufig auf physischen Kontakt, dieser kann durch ein ESN gefördert werden. Grundsätzlich sind Workshops wie z. B. zu Design-Thinking effektiver für die Entwicklung von Wissen. Der Baustein der Wissensteilung wird mit einem ESN optimal abgebildet. Die Funktionen in einem ESN bieten optimale Voraussetzung für eine professionelle Wissensteilung und können eine Eigendynamik erzeugen. Die Wissensnutzung ist ebenfalls ein Baustein, der durch ein ESN optimal umgesetzt werden kann. Die umfangreichen dokumentierenden Funktionen und die Suchfunktion erleichtern das Konsumieren von Informationen. Eine Abhängigkeit ergibt sich aus der gelebten Unternehmenskultur, ob und in welchem Maße die Informationen in einem ESN genutzt werden. Dieser Aspekt sollte der bei Gestaltung ebenfalls betrachtet werden. Die Wissensbewahrung wird grundsätzlich durch ein ESN unterstützt, da es eine saubere und umfangreiche Dokumentation ermöglicht. Allerdings werden die Prozessschritte der Bewahrung – insbesondere der Schritt der Aktualisierung – nicht kompatibel mit der aktuellen Benutzung eines ESN gesehen. Oft bleiben Altlasten in einem ESN dokumentiert, die bereits ihre Haltbarkeit überschritten haben und zur Intransparenz führen können. Der letzte Baustein der Wissensbewertung wird grundsätzlich als wichtig angesehen, jedoch nicht durch die Hilfe eines ESN optimal unterstützt. Zwar können in einem ESN Auswertungen vorgenommen werden, allerdings sind diese häufig stark von quantitativen Kennzahlen geprägt. Diese können ein guter Indikator sein, können aber kein Ersatz für eine qualitative Bewertung sein.

4.3.2 Pädagogisch-psychologischer Ansatz nach Reinmann-Rothmeier und Mandl

Generell steht bei dem pädagogisch-psychologischen Ansatz der Mensch im Fokus, daher werden viele Prozesse nur durch ein ESN unterstützt und nicht vollständig abbildbar. Bei der Wissensrepräsentation kann eine gute Unterstützung durch ein ESN erfolgen. Die Möglichkeiten Wissen zu schaffen und zu kommunizieren unterstützt ein ESN optimal. Allerdings muss aufgrund des pädagogisch-psychologischen Anspruchs auf die Barrieren im Teilen von Wissen hingewiesen werden. Ein ESN bietet in diesem Zusammenhang nur die technische Möglichkeit, wenn Barrieren zur Wissensteilung von den Benutzern bestehen, ist eine optimale Wissensrepräsentation trotzdem nicht möglich. Die Wissenskommunikation wird durch ein ESN ebenfalls gut unterstützt. Die verschiedenen Formate zur Kommunikation und die Möglichkeiten zur zielgenauen Ausspielung von Wissen erhöht die Wirksamkeit. Wissensgenerierung wird eine eher geringe Unterstützung eines ESN zugesprochen, da bei diesem Baustein die Generierung durch das Kollektiv der Mitarbeiter im Fokus gesehen wird. Ein ESN kann da nur gering unterstützen, da physische Methoden als zielführender angesehen werden wie z. B. Workshops.

4.3.3 Wissenschaftlicher Ansatz nach Nonaka und Takeuchi

Der wissenschaftliche Ansatz nach Nonaka und Takeuchi ist bereits kurz vor Ende des letzten Jahrhunderts entstanden. Dadurch sind die Prozessschritte nicht vollständig kompatibel mit den heutigen Möglichkeiten des Wissensmanagements. Die Sozialisation ist ein Prozess, bei dem ein ESN nur bei Initiierung des Austausches helfen kann. Der eigentliche Wissensmanagement-Prozess des Austausches von implizitem Wissen kann nicht unterstützt werden. Daher wird der Sozialisation nur eine geringe Unterstützung durch ein ESN zugesprochen. Bei der Externalisierung hingegen wird durch den Einsatz eines ESN in hohem Maße unterstützt. Grund dafür sind die vielen Formate und Funktionen in einem ESN um implizites Wissen zu expliziten umzuformen. Es wird bei diesem Prozess die größte Übereinstimmung zwischen ESN und dem Modell der Wissensspirale gesehen. Die Kombination wird durch ein ESN überwiegend unterstützt. Generell muss festgehalten werden, dass die Kombination das Verknüpfen von qualitative Inhalten benötigt. Ein ESN kann dabei durch Suche und Schlagworte unterstützen, aber das Zusammenfügen durch ein ESN wird kritisch gesehen. Es wird trotzdem eine überwiegend hohe Unterstützung gesehen, da die Kombination mit einem ESN sehr stark vereinfacht wird. Der letzte Prozess der Internalisierung kann durch ein ESN nur im geringen Maße unterstützt werden. Der Prozess der Umwandlung von expliziten in implizites Wissen wird vom Menschen selbst durchgeführt. Einzig das Konsumieren der Informationen dazu, wie z. B. Handbücher, kann unterstützend bei der Internalisierung wirken. Allerdings wird in Summe nur eine geringe Unterstützung durch ein ESN gesehen.

4.3.4 Modelle im Vergleich

Modell	Prozess	Relevanz
	Wissensziele	Niedrig
	Wissensidentifikation	Hoch
	Wissenserwerb	Mittel
Baustein Ansatz	Wissensentwicklung	Mittel
	Wissensteilung	Hoch
	Wissensnutzung	Hoch
	Wissensbewahrung	Mittel
	Wissensbewertung	Niedrig
	Wissensrepräsentation	Hoch
Pädagogisch-psycho.	Wissenskommunikation	Hoch
Ansatz	Wissensgenerierung	Niedrig
	Wissensnutzung	Hoch
	Sozialisation	Niedrig
Wissenschaftlicher	Externalisierung	Hoch
Ansatz	Kombination	Hoch
	Internalisierung	Niedrig

Tabelle 1: Modelle im Vergleich

Nach eingehender Literaturrecherche und der Auswertung der Expertenbefragungen weisen alle hier vorgestellten Modelle Übereinstimmungen, zu der Nutzung von Enterprise Social Networks, vor. Nach der Bewertung der einzelnen Prozesse weist das pädagogisch-psychologische Modell die größte Nutzbarkeit von ESN vor. Einzig die Wissensgenerierung wird nicht optimal gesehen. Es folgt der Baustein-Ansatz bei dem über die Hälfte der Prozesse einen positiven Bezug zu ESN haben und der wissenschaftliche Ansatz bei dem nur zwei von vier Prozessen eine positive Wirkung von ESN zugesprochen werden können.

Bei der Auswertung und im Experteninterview selbst ist aufgefallen, dass der pädagogisch-psychologische Ansatz und der Baustein-Ansatz sehr viele Parallelen aufweisen. Diese sind nicht sofort ersichtlich, da der pädagogisch-psychologische Ansatz viele Elemente konsolidiert hat. Generell kann die Annahme getroffen werden, dass der Einsatz beider Theorien in der Praxis wohl den größten Mehrwert bieten. Der wissenschaftliche Ansatz verdeutlicht, dass die Prozesse dort sehr abstrakt gestaltet sind. Grundsätzlich ist der wissenschaftliche

Ansatz nicht als schlecht einzustufen, da besonders bei der Expertenbefragung neue Perspektiven aufgezeigt wurden, die gewinnbringend kombiniert werden können. Schlussendlich ist das pädagogisch-psychologische Modell aufgrund der einfachen Prozessgestaltung zu empfehlen. Organisationen, die ein professionelles Wissensmanagement betreiben möchten, sollten auf den Baustein-Ansatz zurückgreifen. Grund dafür ist die stärkere Aufspaltung der der einzelnen Prozesse, um ein tieferes Verständnis für Wissensmanagement-Prozesse zu erhalten. Das wissenschaftliche Modell der Wissensspirale sollte hingegen nicht ausschließlich genutzt werden. Es bietet gute Impulse, um die anderen Modelle zu ergänzen. Es kann jedoch nicht alleinig eingesetzt werden, da dort nur die Umwandlung in verwertbares Wissen und die Kombination von bereits vorhandenem Wissen mit einem ESN thematisiert wird.

5 Resümee

In dieser Arbeit zum Thema „Einsatz von Enterprise Social Networks in Relation zu Wissensmanagement-Modellen" wurden die Themen Enterprise Social Networks und Wissensmanagement miteinander verbunden. Es wurde geprüft inwieweit die Mechanismen und Funktionen von Enterprise Social Networks sich mit den theoretischen Voraussetzungen diverser Wissensmanagement-Ansätze decken und welches Modell in der Praxis der Enterprise Social Networks die größte Übereinstimmung vorweist. Anhand verschiedener Forschungsfragen (vgl. Kapitel 1) wurde diese Arbeit einerseits theoretisch anhand von bestehender Literatur und andererseits empirisch durch Expertenbefragungen aufbereitet. Die Anforderungen an ein Enterprise Social Network wurden im zweiten Kapitel zum Thema Wissensmanagement vorgestellt. Es wurden neben den Grundlagen zum Wissensmanagement drei verschiedene Modelle im Wissensmanagement dargestellt. Jedes dieser Modelle hat verschiedene Prozessschritte und dadurch auch verschiedene Anforderungen an ein Enterprise Social Network. Die betrachteten Modelle waren der Baustein-Ansatz (Probst et al. 2012), der pädagogisch-psychologische Ansatz (Reinmann-Rothmeier und Mandl 2016) und der wissenschaftliche Ansatz (Nonaka und Takeuchi 2012). Einige der dargestellten Prozesse in den Modellen ähneln sich sehr stark in der Funktionsweise und den notwendigen Anforderungen. Diese Tatsache wurde auch von den befragten Experten in Kapitel 4 berücksichtigt. Daran anschließend wurde in Kapitel 3 und 4 auf die Funktionen von Enterprise Social Networks eingegangen. Diese Funktionen ermöglichen es ein aktives Wissensmanagement zu betreiben und über die aktuellen Möglichkeiten, aber auch Grenzen zu informieren. Insbesondere die gezielten Praxisbeispiele von den Marktführern der Enterprise Social Networks (vgl. Gotta et al. 2015) geben über spezifische Produktfunktionen Auskunft.

Der Fokus dieser Arbeit bildet die Verknüpfung zwischen den Modellen des Wissensmanagements und der gelebten Praxis von Enterprise Social Networks. Im Rahmen dieser Ausarbeitung wurden drei leidfadengestützte Experteninterviews geführt. Ziel war es herauszufinden, ob eine Übereinstimmung der theoretischen Modelle mit dem operativen Instrument des ESN überhaupt möglich ist. Die Ergebnisse der empirischen Expertenbefragungen haben gezeigt, dass besonders die Wissensidentifikation / Wissensrepräsentation / Externalisierung, die Wissensteilung / Wissenskommunikation und die Wissensnutzung einen besonders hohen Mehrwert in Zusammenhang mit einem ESN bieten. Die Gruppierungen im vorangegangenen Satz soll die thematische Nähe der Prozessschritte beschreiben, obwohl es sich um verschiedene Prozesse der vorgestellten Ansätze handelt. Die Modelle weisen in verschiedener Ausprägung eine Übereinstimmung mit den Funktionen eines ESN vor. Während der Baustein-Ansatz (Probst et al. 2012) sehr praxisorientiert vorgeht und viele Übereinstimmungen zu den operativen Funktionen eines ESN hat, konnte das wissenschaftliche Modell (Nonaka und Takeuchi 2012) – auch genannt die Wissensspirale – nur in der Hälfte seiner Prozesse einen Mehrwert durch ESN feststellen. Grundsätzlich weist jedes untersuchte Modell einen positiven Zusammenhang mit den Funktionen eines ESN auf.

Die Ergebnisse der Experten weisen einige interessante Trends auf. Einige dieser Trends könnten in Zukunft Gegenstand wissenschaftlicher Untersuchungen werden in diesem oder einem ähnlichen thematischen Forschungsgebiet. Darunter fallen Bildnetzwerke, künstliche Intelligenz im Wissensmanagement und die kulturelle Identität im Umgang mit einem ESN.

Der Trend in privaten sozialen Netzwerken zu einem vermehrten Austausch von Bildern kann schon seit einigen Jahren in den Wachstumszahlen dieser Portale festgestellt werden. Vor allem Pinterest oder Tumblr, die aus Bild-Formaten bestehen und weniger aus Informationen aus Text, haben ein jährliches Wachstum von über 90 % (GlobalWebIndex 2015). Aufgrund der steigenden Informationen und Daten im WWW kann die Annahme getroffen werden, dass die Benutzer mit Bild-Netzwerken eine Möglichkeit suchen, einfacher und komfortabler Informationen zu konsumieren. In Zukunft könnten Informationen über Bilder auch für die geschäftliche Nutzung interessant sein. Schon heute wird in vielen Unternehmen häufig mit Präsentationsprogrammen wie MS Powerpoint gearbeitet. Auch hier lässt sich der einfache Konsum von Informationen bemerken und eine Entwicklung in Enterprise Social Networks könnte neue Synergien schaffen. Vor allem durch den schnellen Konsum können Entscheidungswege beschleunigt werden und eine größere Produktivität kann die Folge sein.

Als weiterer Trend der auch in der Forschung für Enterprise Social Networks und Wissensmanagement eine hohe Relevanz haben kann, ist die Entwicklung von künstlicher Intelligenz. Bis zum Jahre 2025 soll sich der Umsatz in Bezug auf Unternehmensanwendungen durch künstliche Intelligenz um das dreißigfache vermehrt haben (Tractica 2016). Viele Funktionen in Enterprise Social Networks, die im Experteninterview thematisiert wurden, könnten mit dem Ausbau von künstlicher Intelligenz verbessert werden wie z. B. die Haltbarkeit von Daten oder der qualitativen Bewertung von Informationen (vgl. Kapitel 4.2). Die Erfahrungen der Experten weisen darauf hin, dass es ein hohes Entwicklungspotenzial in diesem Bereich, da einige Funktionen bisher noch als unzureichend für den operativen Gebrauch eingestuft werden können. Diese Indikatoren weisen darauf hin, dass der Forschungsbereich der Enterprise Social Networks durch künstliche Intelligenz stark angereichert werden kann.

Abschließend kann noch auf das Trend-Thema der Unternehmenskultur in Bezug auf Enterprise Social Networks hingewiesen werden. In den Expertenbefragungen ist deutlich geworden, dass die Nutzung des internen Netzwerks von den Benutzern abhängt. Dies hängt oft mit der gelebten Unternehmenskultur zusammen. Unternehmen reagieren bereits darauf mit verschiedenen Maßnahmen. Vor allem das Thema Kommunikation wird bei der Unternehmenskultur als wichtig eingestuft. Rund 60 % befragter Unternehmen bei einer Umfrage des Trendence Instituts geben an, dass sie Maßnahmen hinsichtlich der Kommunikation bei Mitarbeitern planen (Staufenbiel Institut 2015).

Insgesamt zeigt sich, dass der Einsatz von Social Enterprise Networks einen positiven Beitrag für die Umsetzung von Wissensmanagement-Modellen ausmacht. Dies geschieht in Abhängigkeit der spezifischen Modelle. Nicht jedes Modell ist von den Prozessen für den operativen Einsatz in einem ESN geeignet. Allerdings können vielfach Potenziale, durch die Nutzer selbst oder bisher noch technische Schwachstellen, nicht genutzt werden. Einerseits kann hier die Unternehmenskultur in Bezug auf die Nutzung zu nennen und andererseits Monitoring oder Anreicherung durch künstliche Intelligenz in Bezug auf die technische Umsetzung. Die bereits genannten möglichen Trends bieten Anstoß für zukünftige Fragestellungen bzgl. Enterprise Social Networks und machen diesen Bereich attraktiv für weitere zukünftige Forschungsvorhaben.

6 Literaturverzeichnis

Al-Laham, Andreas (2016): Organisationales Wissensmanagement. Eine strategische Perspektive. München: Verlag Franz Vahlen (Vahlens Handbücher der Wirtschafts- und Sozialwissenschaften). Online verfügbar unter http://lib.myilibrary.com/detail.asp?ID=911592.

Amelingmeyer, Jenny (2004): Wissensmanagement. Analyse und Gestaltung der Wissensbasis von Unternehmen. Auflage. Wiesbaden: Deutscher Universitätsverlag (Strategisches Kompetenz-Management). Online verfügbar unter http://dx.doi.org/10.1007/978-3-322-81730-3.

Bergfort, Benjamin; Reitmeier, Claudia (2013): Sharepoint 2016 für Anwender. Bodenheim: Herdt. Online verfügbar unter https://herdt-campus.de/product/SHPAN2016.

BITKOM (2013): Einsatz und Potenziale von Social Businessfür ITK-Unternehmen. Online verfügbar unter https://www.bitkom.org/noindex/Publikationen/2013/Studien/Einsatz-und-Potenziale-von-Social-Business-fuer-ITK-Unternehmen/Studie-SocialBusiness-Potenziale.pdf, zuletzt geprüft am 23.08.2017.

BITKOM (2015): Drei von vier Unternehmen nutzen Social Media. Online verfügbar unter https://www.bitkom.org/Presse/Presseinformation/Drei-von-vier-Unternehmen-nutzen-Social-Media.html, zuletzt aktualisiert am 29.04.2015, zuletzt geprüft am 23.08.2017.

Bogner, Alexander (Hg.) (2005): Das Experteninterview. Theorie, Methode, Anwendung. 2. Aufl. Wiesbaden: VS Verl. für Sozialwiss. Online verfügbar unter http://www.socialnet.de/rezensionen/isbn.php?isbn=978-3-531-14447-4.

Bortz, Jürgen; Döring, Nicola (2005): Forschungsmethoden und Evaluation. Für Human- und Sozialwissenschaftler ; mit 70 Tabellen. 3., überarb. Aufl., Nachdr. Heidelberg: Springer (Springer-Lehrbuch).

Buhse, Willms; Stamer, Sören (2010): Enterprise 2.0 - die Kunst, loszulassen. 3. Aufl. Berlin: Rhombos-Verl.

BVDW (2017): LEITFADEN: SOCIAL MEDIA MONITORING IN DER PRAXIS. Online verfügbar unter http://www.bvdw.org/mybvdw/media/view?media=8794, zuletzt geprüft am 23.08.2017.

Degenhardt, Stephan (2013): Facebook für die Firma. In: *Wirtschaftswoche* (42), S. 85–87.

DIVSI (2016): Umfrage zu Aktivitäten im Internet in Deutschland 2012 und 2016. Deutschland; Ipsos; 2012 und 2016; ab 14 Jahre; Internetnutzer. zitiert nach de.statista.com. Online verfügbar unter https://de.statista.com/statistik/daten/studie/568714/umfrage/nutzungvon-online-aktivitaeten-in-deutschland/, zuletzt geprüft am 25.08.2017.

Dörfel, Lars (2013): Instrumente und Techniken der internen Kommunikation. 1. Aufl. Berlin: SCM c/o Prismus Communications.

Eberspächer, Jörg; Holtel, Stefan (2010): Enterprise 2.0. Unternehmen zwischen Hierarchie und Selbstorganisation. Berlin, Heidelberg: Springer-Verlag Berlin Heidelberg. Online verfügbar unter http://site.ebrary.com/lib/alltitles/docDetail.action?docID=10406601.

GlobalWebIndex (2015): Ausgewählte soziale Netzwerke nach Wachstum der Nutzerzahlen zwischen dem 1. bis 2. Quartal 2014 und dem 4. Quartal 2014 bis 1. Quartal 2015. 1. bis 2. Quartal 2014 und 4. Quartal 2014 bis 1. Quartal 2015; 16-64 Jahre. zitiert nach de.statista.com. Online verfügbar unter https://de.statista.com/statistik/daten/studie/150235/umfrage/social-media-plattformen-mit-hoechstem-wachstum-weltweit/, zuletzt geprüft am 28.08.2017.

Gotta, Mike; Drakos, Nikos; Mann, Jeffrey (2015): Magic Quadrant for Social Software in the Workplace. Gartner. Online verfügbar unter http://www.project-con-sult.de/files/Gartner_Magic_Quadrant_for_Social_Software_in_the_Workplace_2015.pdf, zuletzt geprüft am 23.08.2017.

Günther, Jochen; Pöld, Brigitta; Spath, Dieter (Hg.) (2010): Wissensmanagement 2.0. Erfolgsfaktoren für das Wissensmanagement mit Social Software ; eine empirische Studie zu organisatorischen und motivationalen Erfolgsfaktoren für den Einsatz von Social Software in Unternehmen ; Trendstudie. Fraunhofer-Institut für Arbeitswirtschaft und Organisation. Stuttgart: Fraunhofer-Verl.

Heidenreich, Martin (2000): Die Organisation der Wissensgesellschaft. In: Christoph Hubig (Hg.): Unterwegs zur Wissensgesellschaft. Grundlagen, Trends, Probleme. Berlin: ed. Sigma (Technik - Gesellschaft - Natur, 3), 107-118.

Heise (2012): Microsoft übernimmt Yammer für 1,2 Milliarden US-Dollar. Online verfügbar unter https://www.heise.de/newsticker/meldung/Microsoft-uebernimmt-Yammer-fuer-1-2-Milliarden-US-Dollar-1625922.html, zuletzt geprüft am 24.08.2017.

Hippner, Hajo (2006): Bedeutung, Anwendungen und Einsatzpotenziale von Social Software. In: HMD : Praxis der Wirtschaftsinformatik. (6), S. 6–16. Online verfügbar unter http://edoc.ku-eichstaett.de/2274/, zuletzt geprüft am 28.08.2017.

Howaldt, Jürgen (2002): Lernen in Netzwerken. In: Walter R. Heinz, Hermann Kotthoff und Gerd Peter (Hg.): Lernen in der Wissensgesellschaft. Münster: Lit-Verl. (Dortmunder Beiträge zur Sozial- und Gesellschaftspolitik, 37), S. 45–63.

IBM (2017): IBM Connections. Online verfügbar unter http://www-
03.ibm.com/software/products/de/conn, zuletzt geprüft am 24.08.2017.

Internet Live Stats (2016): Anzahl der Internetnutzer weltweit in den Jahren 1997 bis 2014.
1997 bis 2014 (jeweils 1. Juli). zitiert nach de.statista.com. Online verfügbar unter
https://de.statista.com/statistik/daten/studie/186370/umfrage/anzahl-der-internetnutzer-
weltweit-zeitreihe/, zuletzt geprüft am 23.08.2017.

Jive Software (2017): Produkte Jive Software. Online verfügbar unter
https://www.jivesoftware.com/de/produkte/, zuletzt geprüft am 24.08.2017.

Katenkamp, Olaf (2011): Implizites Wissen in Organisationen. Konzepte, Methoden und
Ansätze im Wissensmanagement. Zugl.: Dortmund, Techn. Univ., Diss., 2010. 1. Aufl.
Wiesbaden: VS Verlag für Sozialwissenschaften / Springer Fachmedien Wiesbaden GmbH
Wiesbaden (Dortmunder Beiträge zur Sozialforschung). Online verfügbar unter
http://dx.doi.org/10.1007/978-3-531-93194-4.

Koch, Michael (2011b): Enterprise 2.0. Web 2.0. Soziotechnische Integration Bundeswehr
Uni München. Online verfügbar unter http://www.soziotech.org/glossar/2078/, zuletzt geprüft am 23.08.2017.

Koch, Michael (2011a): Web 2.0. Social Software. Soziotechnische Integration Bundeswehr Uni München. Online verfügbar unter http://www.soziotech.org/glossar/web-2-0/, zuletzt geprüft am 23.08.2017.

Koch, Michael; Richter, Alexander (2007): Enterprise 2.0. Planung, Einführung und erfolg-
reicher Einsatz von Social Software in Unternehmen. München: Oldenbourg.

Lam, Alice (2000): Tacit Knowledge, Organizational Learning and Societal Institutions: An
Integrated Framework. In: Organization Studies (3), S. 487–512. Online verfügbar unter
http://search.ebscohost.com/login.aspx?direct=true&db=bth&AN=35223, zuletzt geprüft
am 28.08.2017.

Lehner, Franz (2014): Wissensmanagement. Grundlagen, Methoden und technische Unterstützung. 5., aktualisierte Aufl. München: Hanser.

Mayring, Philipp (2008): Einführung in die qualitative Sozialforschung. Eine Anleitung zu
qualitativem Denken. 5. Aufl. Weinheim, Basel: Beltz (Beltz Studium).

Meuser, Michael; Nagel, Ulrike (2009): Das Experteninterview. In: Susanne Pickel, Detlef
Jahn, Hans-Joachim Lauth und Gert Pickel (Hg.): Methoden der vergleichenden Politik-
und Sozialwissenschaft. Neue Entwicklungen und Anwendungen. 1. Aufl. Wiesbaden: VS
Verlag für Sozialwissenschaften / GWV Fachverlage GmbH Wiesbaden, S. 465–480.

Microsoft (2017): Yammer. Online verfügbar unter https://products.office.com/de-

de/yammer/yammer-features, zuletzt geprüft am 24.08.2017.

Miedl, Wolfgang (2015): Warum IBM (k)eine Social-Zukunft hat. Computerwoche. Online verfügbar unter https://www.computerwoche.de/a/warum-ibm-k-eine-social-zukunft-hat,3097639, zuletzt geprüft am 24.08.2017.

Nielsen, Jakob (2006): The 90-9-1 Rule for Participation Inequality in Social Media and Online Communities. Nielsen Norman Group. Online verfügbar unter https://www.nngroup.com/articles/participation-inequality/, zuletzt geprüft am 24.08.2017.

Nonaka, Ikujiro; Takeuchi, Hirotaka (2012): Die Organisation des Wissens. Wie japanische Unternehmen eine brachliegende Ressource nutzbar machen. 2. Aufl. Frankfurt am Main: Campus Verlag (Business 2012). Online verfügbar unter http://www.content-select.com/index.php?id=bib_view&ean=9783593416625.

O'Reilly, Tim (2005): Design Patterns and Business Models for the Next Generation of Software. Online verfügbar unter http://www.oreilly.com/pub/a//web2/archive/what-is-web-20.html, zuletzt geprüft am 28.08.2017.

Poliandri, Yannick (2015): jive Produkttour. Online verfügbar unter https://trusted.de/jive, zuletzt geprüft am 24.08.2017.

Probst, Gilbert; Raub, Steffen; Romhardt, Kai (2012): Wissen managen. Wie Unternehmen ihre wertvollste Ressource optimal nutzen. 7. Aufl. Wiesbaden: Springer Gabler. Online verfügbar unter http://dx.doi.org/10.1007/978-3-8349-4563-1.

Reimund, Marie: Yammer Produkttour. Online verfügbar unter https://trusted.de/yammer, zuletzt geprüft am 24.08.2017.

Reinmann-Rothmeier, Gabi (2016): Die Rolle des Wissensmanagements für die Zukunft. In: Gabi Reinmann-Rothmeier und Heinz Mandl (Hg.): Wissensmanagement. Informationszuwachs - Wissensschwund? : die strategische Bedeutung des Wissensmanagements: [in den Monaten November und Dezember 1998 ... im Rahmen einer Ringvorlesung der Ludwig-Maximilians-Universität München ...]. Reprint 2016. Berlin, Boston: De Gruyter Oldenbourg (Forum Wirtschaft und Soziales), S. 5–15.

Reinmann-Rothmeier, Gabi; Mandl, Heinz (Hg.) (2016): Wissensmanagement. Informationszuwachs - Wissensschwund? : die strategische Bedeutung des Wissensmanagements: [in den Monaten November und Dezember 1998 ... im Rahmen einer Ringvorlesung der Ludwig-Maximilians-Universität München ...]. Ringvorlesung der Ludwig-Maximilians-Universität München. Reprint 2016. Berlin, Boston: De Gruyter Oldenbourg (Forum Wirtschaft und Soziales). Online verfügbar unter http://dx.doi.org/10.1515/9783486803662.

Richter, Alexander (2010): Der Einsatz von Social Networking Services in Unternehmen.

Eine explorative Analyse möglicher soziotechnischer Gestaltungsparameter und ihrer Implikationen. Wiesbaden: Gabler Verlag / GWV Fachverlage GmbH Wiesbaden (Gabler Research). Online verfügbar unter http://dx.doi.org/10.1007/978-3-8349-6027-6.

Richter, Alexander; Koch, Michael (2008): Funktionen von Social-Networking-Diensten. Forschungsgruppe Kooperationssysteme. Online verfügbar unter https://pdfs.semanticscholar.org/ad97/b974572a9714027e68ad3e828497a264c26b.pdf, zuletzt geprüft am 24.08.2017.

Richter, Daniel; Riemer, Kai; vom Brocke, Jan (2011): Internet Social Networking. In: *Wirtschaftsinformatik* (2), S. 90–100. Online verfügbar unter https://link.springer.com/article/10.1007/s11576-011-0265-3, zuletzt geprüft am 24.08.2017.

Rossmann, Alexander; Stei, Gerald; Besch, Markus (Hg.) (2016): Enterprise Social Networks. Erfolgsfaktoren für die Einführung und Nutzung - Grundlagen, Praxislösungen, Fallbeispiele. Wiesbaden: Springer Gabler. Online verfügbar unter http://dx.doi.org/10.1007/978-3-658-12652-0.

Scheerer, Benedikt (2012): ENTERPRISE 2.0 – MEHR ALS „NUR" SOCIAL SOFTWARE IM UNTERNEHMEN? (1), S. 11–12.

Schreyögg, Georg; Geiger, Daniel (2016): Organisation. Grundlagen moderner Organisationsgestaltung : mit Fallstudien. 6., vollständig überarbeitete und erweiterte Auflage. Wiesbaden: Springer Gabler (Lehrbuch).

Schubert, Petra; Koch, Michael (Hg.) (2011): Wettbewerbsfaktor Business Software. Prozesse erfolgreich mit Software optimieren ; Berichte aus der Praxis. München: Hanser Verlag. Online verfügbar unter http://www.hanser-elibrary.com/action/showBook?doi=10.3139/9783446429567.

Shahd, Maurice (2016): Zwei von drei Internetnutzern sind in sozialen Netzwerken aktiv. BITKOM. Online verfügbar unter https://www.bitkom.org/Presse/Presseinformation/Zwei-von-drei-Internetnutzern-sind-in-sozialen-Netzwerken-aktiv.html, zuletzt aktualisiert am 12.08.2016, zuletzt geprüft am 23.08.2017.

Staufenbiel Institut (2015): Welche Maßnahmen hinsichtlich Ihrer Unternehmenskultur planen Sie? Jobtrends Deutschland 2015, Seite 66. zitiert nach de.statista.com. Online verfügbar unter https://de.statista.com/statistik/daten/studie/409423/umfrage/massnahmen-hinsichtlich-der-unternehmenskultur-in-deutschland/, zuletzt geprüft am 28.08.2017.

Stehr, Nico (1994): Arbeit, Eigentum und Wissen. Zur Theorie von Wissensgesellschaften. 1. Aufl. Frankfurt am Main: Suhrkamp.

Tractica (2016): Prognose zum Umsatz mit Unternehmensanwendungen im Bereich künstliche Intelligenz weltweit von 2016 bis 2025 (in Millionen US-Dollar). Tractica's Artificial Intelligence for Enterprise Applications. zitiert nach de.statista.com. Online verfügbar unter https://de.statista.com/statistik/daten/studie/620443/umfrage/umsatz-mit-unternehmensanwendungen-im-bereich-kuenstliche-intelligenz-weltweit/, zuletzt geprüft am 28.08.2017.

Von Krogh (2012): How does social software change knowledge management? In: *Journal of Strategic Information Systems* (2), S. 154–164.

Werner, Matthias (2004): Einflussfaktoren des Wissenstransfers in wissensintensiven Dienstleistungsunternehmen. Eine explorativ-empirische Untersuchung bei Unternehmensberatungen. Gabler Edition Wissenschaft. Wiesbaden: Deutscher Universitätsverlag. Online verfügbar unter http://dx.doi.org/10.1007/978-3-322-81878-2.

Anhang

Anhang 1: Ergebnisse der Expertenbefragungen unterteilt in Theorie, Kategorie bzw. Prozess, Experte und Aussage:

Zeile	Theorie	Kategorie	Experte	Aussage
A	Baustein-Ansatz	Wissensziele	A	Ich sehe keinen Mehrwert in ESN für die Definition von Wissenszielen. In der Regel wird ein solches Tool als operative Unterstützung genutzt und nicht für langfristige strategische Aufgabenpakete.
B	Baustein-Ansatz	Wissensidentifikation	A	Die Pinnwand - wie sie bei Facebook heißt - bieten auch viele ESN. Ich benutze sie als persönlichen Wissensidentifikator, da ich meine Timeline mit Neuigkeiten auf meine Interessen gemünzt habe. Mir werden daher nicht nur alle Beiträge angezeigt von Personen den ich "Folge". Auch Inhalte mit Schlagworten, die ich gespeichert habe, werden mir angezeigt. Momentan ist das noch eine gute Möglichkeit der Identifikation, je mehr Input aber im ESN verbreitet wird, desto schwieriger wird die Selektion und schon bald müssen wahrscheinlich Algorithmen eingesetzt werden. Ich sehe das kritisch, da ich nicht glaube, dass Maschinen heute schon in der Lage sind, die Inhalte zu identifizieren, die relevant für mich sind oder nicht, da oft eine kontextuelle Note dahintersteckt.
C	Baustein-Ansatz	Wissenserwerb	A	Ich habe bis vor einem Jahr in einer weltweit agierenden Non-Profit-Organisation gearbeitet. Dort gab es wie in jedem großen privatwirtschaftlichen Konzern auch Richtlinien zu Verhalten und verschiedene Kodexe. Wenn man dort neu ist, wird man regelmäßig per E-Mail aufgefordert in das Intranet zu gehen und dort eine interaktive Schulung zum Verhalten zu machen. Viele Dinge dort gehören zu unserer Gesellschaft dazu, besonders in Bezug auf Verhalten und Umgang mit den Kollegen und Kunden. Allerdings habe ich dort auch einige interne Neuheiten kennengelernt. Ich würde ein ESN also als gute Umgebung für solche Tools einstufen, da dort auch auf weitere Dokumente oder Erfahrungsforen verwiesen werden kann mit einem Direktlink. Natürlich ist auch eine externe Lösung über den Browser im Internet möglich.

D	Baustein-Ansatz	Wissensentwicklung	A	Die Entwicklung von Wissen innerhalb eines ESN kann unterschiedliche Quellen haben. Mir fallen da Informationspools ein, die kumuliert zu einem Wissensspeicher entwickelt werden können. Beispielsweise Foren bieten sich dafür an zu speziellen Themen. Darüber hinaus kann auch das gemeinsame Erarbeiten von Aufgaben einen Beitrag zur Wissensentwicklung liefern. Es gibt schon seit längeren die gleichzeitige Bearbeitung von Dokumenten. Oft sind diese blockiert durch den Sparring-Partner oder man überschreibt versehentlich neue Daten. Das ist ein Problem, was noch besser gelöst werden muss, aber einen großen Mehrwert für die Entwicklung von Wissen bieten würde. Ich persönlich nutze zusätzlich die Blogging-Funktion im Intranet für Story-Telling. Meistens funktioniert das physisch in der Gruppe besser, aber ich finde die digitale Variante und deren Wert eine gute Ergänzung. Darüber hinaus, regt es die Mitarbeiter an sich stärker mit dem ESN zu vernetzen.
E	Baustein-Ansatz	Wissensteilung	A	Die Wissensteilung ist wohl ein zentrales Element in der Baustein-Theorie nach Probst. Zumindest empfinde ich es als zentrales Element in der Praxis. Es geht um das Teilen von relevanten Beiträgen, um einen Mehrwert zu erzielen. Dies kann erfolgen durch Nachrichten, Beiträge, Dokumente, Blogeinträge und vieles mehr. Ein Social Network lebt aus meiner Sicht von der Funktion des Teilens. Gäbe es diese nicht, wäre ein ESN wohl irrelevant, da es davor schon Kanäle gab zum Kommunizieren, zum Teilen und zum Archivieren gab. Es ist der Mix den Enterprise Social Networks so relevant für das Wissensmanagement macht. Kurzum: ja die Wissensteilung ist richtig und wichtig im operativen Wissensmanagement.
F	Baustein-Ansatz	Wissensnutzung	A	Besonders zu Beginn in einem neuen Unternehmen fand ich die Unterstützung von dem internen Intranet als sehr gut. Es wurde eine explizite Gruppe für neue Mitarbeiter eingestellt. In dieser werden die relevanten Onboarding-Dokumente gesammelt und jede Menge Fragen in einem Forum erklärt, die informell sind und erst nach einigen Monaten arbeiten bekannt sind. Ich glaube, die Nutzung ist schon vorhanden, wenn sich der Mitarbeiter darauf einlässt und die Unternehmenskultur stimmt. Ob und wie das der Fall ist, lässt sich schwer bestimmen. Auswertungstools können eingesetzt werden oder ein Aktivitätsindex der einzelner User. Wer nur eine Aktivität von 10 % zeigt, ist wohl nicht so sehr vom Nutzen des ESN überzeugt als jemand der 50 % oder mehr Aktivität zeigt.

G	Baustein-Ansatz	Wissensbewahrung	A	Die Prozesse Selektion, Speicherung und Aktualisierung sind in der Theorie sehr gut, aber leider in der Praxis bisher nicht abbildbar. Ich habe Kollegen, die ihren eigenen Workspace gut strukturieren, sauber aufräumen und Dokumente löschen. Ich bin mir nicht sicher, wie sinnvoll das Löschen ist, aber eine Struktur zu schaffen, finde ich sehr relevant. Ich benutze zwar auch die Suchfunktion, aber meist versuche ich mich durch Pfade, die für mich sinnvoll erscheinen, zu klicken. Ich glaube, das ist ein Problem bei den Menschen im Kopf, denn ESN bieten ja auch andere Möglichkeiten. Die Selektion erfolgt schon, niemand stellt Inhalte ins ESN, die keinen Mehrwert haben. Das Speichern funktioniert auch und die Aktualisierung steckt noch in der Entwicklung. Meistens wird eine neue Version hochgeladen. Dokumente die komplett ihre Gültigkeit verloren haben bleiben aber. Das muss noch gelöst werden, am besten durch eine technische Hilfe, die auf ein Verfallsdatum von Daten hinweist.
H	Baustein-Ansatz	Wissensbewertung	A	Zu Beginn habe ich zwischen Wissensziele und Enterprise Social Networks keinen Mehrwert gesehen. Da ich die Wissensbewertung auch im Hinblick auf die Ziele ebenso betrachte, glaube ich dort wieder keinen Nutzen zu erkennen. Zwar kann aufgrund von einer quantitativen Auswertung ein Ziel wie "Nutzungsaktivität" festgestellt werden, aber das ESN ist ja nur die Quelle der Daten und nicht das Tool zum Auswerten. Sofern Analytics selbst Auswertungen vornehmen im ESN wäre das etwas anderes. Wissen ist in erster Regel aber eine qualitative Ressource. Nach meinen Erfahrungen können Maschinen noch nicht qualitativ ausreichend bewerten. Das kann sich allerdings ändern, da künstliche Intelligenz immer weiter fortschreitet.
I	Wissensspirale	Sozialisation	A	Bei der Sozialisation geht es um den direkten Austausch von Erfahrungen. Das geschieht in der Regel im persönlichen Kontakt. Natürlich kann man auch durch Nachrichten im ESN eine ähnliche Perspektive erzeugen. Dafür muss aber tatsächlich das eigene Erfahrungswissen verschriftlicht werden und da wären wir dann schon wieder bei Externalisierung. Ich sehe keinen konkreten Mehrwert durch ESN in diesem Prozessschnitt.
J	Wissensspirale	Externalisierung	A	Ein ESN eignet sich in hervorragender Weise für das Umwandeln von impliziten in explizites Wissen. Die vielen Möglichkeiten, die es mittlerweile gibt, z. B. in Blogs, Direktnachrichten, Dokumenten, Feeds etc., regen Mitarbeiter an Wissen zu teilen. Mittlerweile ist das Vlogging auch eine gute Möglichkeit relevante Informationen konsumierbar zu machen. Konferenzen die mitgeschnitten werden und danach noch geschnitten werden auf die wichtigsten Fakten können nebenbei konsumiert werden. Im privaten Bereich sehe ich, dass Social Networks für Bilder wie Instagram oder Snapchat einen Hype haben bei der jüngeren Generation. Ich glaube, das ist der nächste Schritt im ESN. Es muss nur noch ein Konzept geschaffen werden, wie relevante Geschäftsinhalte in Bildformate transformiert werden können, um auch einen Mehrwert zu schaffen.

K	Wissensspirale	Kombination	A	Ich verstehe die Kombination als Verknüpfen von inhaltlichen Beiträgen und sehe da auch gute Synergien. Vor allem in der Projektarbeit kann man aus alten Wissen Ableitungen schaffen, die für das neue Projekt relevant sein können in Form von Lessons Learned. Es geht hier also um die Kombination von alten Wissen und neuen Wissen und das halte ich für unglaublich stimulierend in der Projektarbeit.
L	Wissensspirale	Internalisierung	A	Das Bewerten dieses Prozesses ist ziemlich schwer, da man dafür die genauen Gedankengänge des Konsumenten kennen muss. Aus persönlicher Sicht, hilft mir das ESN nicht fremdes Wissen in mein eigenes, umzuformen. Das findet zum großen Teil in einem selbst statt und nicht durch das ESN. Das Wissen was ich dafür benötige, kann ich zwar in einem ESN finden, z. B. durch Handbücher, aber das Umsetzen erfolgt nur bei mir. Ich sehe an dieser Stelle keinen Anknüpfungspunkt.
M	Pädagogisch-psychologischer Ansatz	Wissensrepräsentation	A	Der Punkt ist ziemlich ähnlich zu der Wissensteilung im Baustein-Ansatz. Ich habe dort schon die hohe Relevanz im Bezug auf das ESN gemacht und mache das an dieser Stelle wieder. Es geht darum wissen greifbar zu machen und dafür ist ein ESN eine gute Möglichkeit.
N	Pädagogisch-psychologischer Ansatz	Wissenskommunikation	A	Einerseits kann ich Wissen auch im persönlichen Gespräch weitergeben, aber wie die vergangenen Modelle schon gezeigt haben, bietet ein ESN einfach sehr gute Möglichkeiten die Kommunikation zu erleichtern und sie auch spielerisch und auf andere kreative Arten darzustellen.
O	Pädagogisch-psychologischer Ansatz	Wissensgenerierung	A	Der pädagogisch-psychologische Ansatz konzentriert sich sehr stark auf das Individuum, also den einzelnen Mitarbeiter. Ich denke das ESN ist ein sinnvolles Instrument, wenn im Kollektiv Wissen generiert wird. Es gibt Synergien, weil Menschen aus verschiedenen Abteilungen in Kontakt treten und Wissen schaffen können. Dieser Ansatz ist daher nur schwer mit dem ESN vereinbar und dadurch auch schwer in der Aufgabe der Wissensgenerierung.
P	Pädagogisch-psychologischer Ansatz	Wissensnutzung	A	Siehe Wissensnutzung im Baustein-Prinzip
Q	Baustein-Ansatz	Wissensziele	B	Persönlich in meinem Team nutzen wir Enterprise Social Networks schon für die Aufbereitung von Wissenszielen, allerdings als Dokumentations-Elemente. Die eigentliche Definition von Wissenszielen erfolgt nicht durch elektronische Unterstützung eines ESN, sondern im Zusammenspiele von den betroffenen Abteilungen. Meistens geschieht dies in Form eines Workshops.
R	Baustein-Ansatz	Wissensidentifikation	B	Ich finde das bereits aus Twitter bekannte Hashtaggen bei Beiträgen in ESN sehr praktisch. Es können nicht nur Textbeiträge so markiert werden, sondern auch Dokumente oder Gruppen die einem bestimmten Thema zugeordnet sind. Darüber hinaus, kann ich in mein Profil auch meine Kenntnisse als Hash-Tag hinterlegen. Somit fällt die Identifikation nicht nur bei Inhalten die produziert werden leicht, sondern auch Personen zu finden, die eine Expertise in dem Bereich haben.

S	Baustein-Ansatz	Wissenserwerb	B	Wir haben angefangen in Zusammenarbeit der Personalentwicklung eigene Weiterbildungsmöglichkeiten in unser ESN zu stellen. Wir haben eine Software eingekauft in der man wie bei einem Homepage-Baukasten Elemente zusammenbauen kann und die Inhalte wie Texte und Bilder individuell bestücken kann. Das Tool war nicht sehr teuer und lässt sich als Add-on in unsere Sharepoint Umgebung integrieren. Manchmal merken wir jetzt schon, dass dieses Tool seine Grenzen hat, aber wir haben auch hauseigene Sharepoint-Entwickler, die uns helfen das Tool weiterzuentwickeln. Bisher ist das ein Pilotprojekt und wir werten noch aus wie der Kosten-Nutzen-Effekt schlussendlich ist.
T	Baustein-Ansatz	Wissensentwicklung	B	Die Wissensentwicklung nach dem Baustein-Ansatz konzentriert sich ja auf die Entwicklung von intern erzeugten Wissen. Das kann z. B. in Form von neuen Geschäftsmodellen oder Produkten erfolgen. Das ESN bietet dafür nur einen dokumentierenden Charakter aus meiner Sicht. Design-Thinking ist ein immer wichtigeres Thema für Konzerne um genauso innovativ zu sein, wie Start-ups. Die mediale Umgebung eines ESN halte ich nicht für bereichernd, um ein solches Wissen neu zu entwickeln. Vorgreifend würde ich eher die positiven Funktionen in der Wissensteilung als positive Ergänzung für solche Prozesse sehen.
U	Baustein-Ansatz	Wissensteilung	B	Die Wissensteilung war vor den Entwicklungen der Social Software meist im E-Mail-Format möglich. Das heißt, das Emailpostfach ist übergelaufen und jeder brauchte Stunden nur für die Auswahl von Emails die einen betreffen oder die Identifikation, ob man nur im cc stand. Ärgerlich wie ich finde, da es heute teilweise immer noch so ist. Ich teile tatsächlich lieber mein Wissen über ein Social Network und wir werden auch abteilungsintern dazu angehalten dies zu tun, um eine Vorbildfunktion im Konzern zu haben. Es gibt einige Kollegen die unser ESN nicht sehr häufig nutzen mit der Begründung, dass es Zeit frisst und man trotzdem nicht unbedingt relevant Informationen findet, trotzdem müsse man in die Plattform schauen. Das ist nicht richtig, glaube ich, weil ich mir Abos zu Schlagwörtern erstellen kann. Wenn es Hashtag vorkommt, kann ich mir eine Benachrichtigung senden lassen als Push oder E-Mail. Das sorgt teilweise für noch mehr Datenmüll, aber ich kann auf einen Blick erkennen, dass es eine Notification ist ohne sie zu öffnen.

V	Baustein-Ansatz	Wissensnutzung	B	Ein schwieriges Thema, da wir gutes Feedback von Kollegen bekommen, die es exzessiv benutzen und von den resultierenden Erfolgen berichten. Kollegen, die sich nicht so richtig damit beschäftigen ist es noch ein Rätsel und es wird argumentiert, dass die Funktionen auch durch persönlichen Kontakt, Telefonate oder Emails kompensiert werden können. Wir glauben, dass die Nutzung auch einen demografischen Hintergrund hat und ein Digital Native ganz anders mit dem ESN umgeht, als ein Kollege der kurz vor der Rente steht. Bisher haben wir noch kein gutes Tool, was uns hilft. Eine Praktikantin hat daher eine Pilotauswertung in der Praktikanten-Practice gemacht. Eines unserer meist bespielten Gruppen im Konzern-Intranet, da dort ein Austausch über die Konzern-Gesellschaften hinweg herrscht und viele auch das Forum nutzen und lesen. Wir haben bei der Auswertung gemerkt, dass vor allem zu Beginn Multiplikatoren eingesetzt werden müssen oder auch Influencer im Unternehmen. Wir versuchen diese Mentalität jetzt bei allen Praktikanten, Werkstudenten und Auszubildenden in Workshops zu vermitteln und rollen das Feld in den jüngeren Jahrgang auf und hoffen auf einen viralen Effekt in die oberen Altersschichten des Unternehmens.
W	Baustein-Ansatz	Wissensbewahrung	B	Wissen wird bewahrt und das im großen Stil. Ich erinnere mich noch an die Zeit, in der man sich durch lange Ordnerpfade klicken musste und die Suchfunktion am PC eher ernüchternd war. ESN haben zwei große Vorteile: das gesamte Wissen ist einem großen Mikrokosmos vereint und das Wissen ist schnell konsumierbar. Das Konsumieren geht deshalb so schnell, da wir jetzt wissen mit Schlagworten kategorisieren können. Dieses Modell mit dem Selektieren, Speichern und Aktualisieren kann ich nicht teilen. Ich kenne keinen, der so vorgeht. Oft sind auch Inhalte im Verzeichnis, die ich als Junk bezeichnen würde. Auch der letzte Punkt des Aktualisierens, würde ich infrage stellen. Alle laden Inhalte auf das ESN, aber fast niemand fasst die Daten danach noch einmal an. Stattdessen wird ein neues besseres Dokument hochgeladen und die alten Daten dienen als Archiv. Keine gute Lösung, aber so läuft es momentan.
X	Baustein-Ansatz	Wissensbewertung	B	Wie eben schon erwähnt, haben wir einen Piloten bei den Praktikanten ausgewertet. Das ist noch manuell erfolgt, aber das als Funktion im Intranet zu etablieren mit internen Analytics ist wohl bald möglich. Bei uns steht vor allem die Aktivität im Vordergrund, also wie oft benutzen unsere Kollegen das ESN. Das ist quantitativ gut auszuwerten. Im Hinblick auf eine qualitative Bewertung hilft mir nur mein eigener Verstand bisher. Ich muss es lesen und selbst einordnen, ob es relevant für mich ist oder nicht. Das ESN hilft mir in dem Fall nicht weiter. Beiträge, mit vielen gefällt mir Angaben, sind nicht unbedingt von höchster Qualität. Das muss man individuell betrachten.

Y	Wissensspirale	Sozialisation	B	Ich glaube, dass diese Betrachtungsweise noch ziemlich in der Zeit vor der digitalen Revolution verhaftet ist. Die Theorie von Nonaka und Takeuchi wurde Ende des letzten Jahrhunderts verfasst. Es gab noch gar keine Social Software zu diesem Zeitpunkt. Aus heutiger Sicht würde ich sagen, dass es gar keine Verbindung zu ESN gibt. Allerdings bieten Social Networks eine Anbahnung dahin. Es geht ja um den persönlichen Erfahrungsaustausch. Ich glaube, ein ESN kann helfen diesen stattfinden zu lassen, weil man schneller Personen mit ähnlichen Erfahrungswerten identifizieren kann.
Z	Wissensspirale	Externalisierung	B	Ich sehe die größte Übereinstimmung bei der Frage wie das Modell der Wissensspirale mit ESN zusammenhängen bei dem Prozess der Externalisierung. Bei Social Networks und bei der Externalisierung geht es ja im Grunde um die Verbreitung von Inhalten. Da hier die Rede von impliziten zu expliziten Wissen ist, muss ich allerdings noch anmerken, dass immer etwas verloren geht bei der Transformation von Erfahrung in Text oder in ein sonstiges Medium. Das ist immer schade, aber schon ein großer Fortschritt. Wissen ist vor der Einführung von Social Software viel häufiger verloren gegangen oder vergessen wurden auf Datenträgern, die niemand kannte. Ich sehe ESN als großen Mehrwert für die Externalisierung von Wissen.
AA	Wissensspirale	Kombination	B	Die Kombination wird ziemlich vereinfacht durch ESN. Durch die Suchfunktion und Verschlagwortung kann viel besser ein Clustern stattfinden. Auch verschiedene Medienformate können einen Mehrwert bringen, um Wissen besser zu verstehen und für verschiedene Zielgruppen attraktiv zu machen. Ich sehe hier schon eine starke Verbindung zwischen ESN und der Kombination.
AB	Wissensspirale	Internalisierung	B	Ich glaube, ein ESN hilft in dem Fall nur unterstützend. Eigenes Erfahrungswissen aufbauen, geht nur durch die eigene Erfahrung. Ein ESN liefert die Informationen oder hilft beim Reflektieren. Wenn ich etwas mache, kann ich noch mal prüfen durch Beiträge, ob es so korrekt ist oder durch lesen kann ich den Prozess gedanklich noch einmal wiederholen. Ich kann mit dem Prozess in Bezug auf ein ESN nicht so wirklich etwas anfangen. Ich glaube, es ist daher irrelevant.
AC	Pädagogisch-psychologischer Ansatz	Wissensrepräsentation	B	Der psychologische-pädagogische Ansatz zielt an dieser Stelle nicht auf das Teilen meiner Meinung nach, sondern auf die Menschen, die das praktizieren sollen. Ein ESN kann ein Motor sein, um seine eigenen Inhalte zu repräsentieren. Auf der anderen Seite kann es aber auch eine Barriere sein, weil einige in ihrem Spezialwissen den eigenen USP sehen, also ihr Verkaufsargument. Wenn alle Zugang zu diesem Wissen haben durch ein ESN ist man ersetzbar und wer will das schon sein.

AD	Pädagogisch-psychologischer Ansatz	Wissenskommunikation	B	Social Networks sind für mich ein Kommunikationsinstrument. Mit der Kombination von Dokumenten oder anderen Medien die dort erzeugt werden und abgelegt werden ist es die ideale Kombination, um Wissen sinnvoll und effizient zu verbreiten. Ich stimme diesem Punkt voll zu, dass es eine sinnvolle Relation zwischen ESN und der Wissenskommunikation gibt. Darüber hinaus wird bei der Wissenskommunikation beleuchtet, wie das Wissen transportiert werden kann, wo es gebraucht wird. Das heißt, es muss eine Filterung der Kanäle geben, die zielgruppengenau das Wissen ausspielt. Probleme können so viel schneller gelöst werden. Das einfache Teilen, wie es aus den Social Media Kanälen bekannt ist, reicht hier nicht mehr aus. Ein segmentiertes Ausspielen scheint notwendig. Ich denke, dass ein ESN die Möglichkeiten bietet das Ausspielen von Inhalten er ermöglichen.
AE	Pädagogisch-psychologischer Ansatz	Wissensgenerierung	B	Auch bei diesem Element glaube ich, dass es nicht so sehr um die Generierung von wissen geht, sondern um die Menschen, die das tun sollen. Viele wissen gar nicht, dass in ihnen eine Wissensquelle steckt und das interessant für andere Kollegen wäre. Bei diesem Schnitt geht es also vor allem um das Reflektieren, welches Wissen ich habe. Ich glaube nicht, dass ein ESN dabei viel helfen kann. Da bin ich mir ziemlich sicher, dass ein Coaching oder persönlicher Workshop viel bessere Ergebnisse bringen als das Einbeziehen eines ESN.
AF	Pädagogisch-psychologischer Ansatz	Wissensnutzung	B	Siehe Wissensnutzung im Baustein-Prinzip
AG	Baustein-Ansatz	Wissensziele	C	Das ESN ist nur dafür da die Ziele operativ zu unterstützen und schlussendlich umzusetzen. Ich sehe nur begrenzte Möglichkeiten in die bisherigen Software-Lösungen eine Hilfe für diesen Baustein zu etablieren. Ich glaube auch, dass dies nicht nötig ist, da ein ESN ein operatives Tool zum täglichen Arbeiten ist. Die Zieldefinition ist eine einmalige oder doch eher seltene Aufgabe und muss nicht durch ein ESN unterstützt werden.
AH	Baustein-Ansatz	Wissensidentifikation	C	Spontan fallen mir dazu das Suchfeld, die Verschlagwortung und die Timeline ein. Die drei Tools sind Kernelemente in jeder Social Software mittlerweile und wenn ich etwas suche würde ich auf jeden Fall eines der Funktionen nutzen. Ganz klar, zur Suche also Identifikation von Wissen hilft mir ein Enterprise Social Network im beruflichen Kontext enorm. Vorausgesetzt ich weiß, dass die Inhalte, die ich wichtig finde, dort auch zu finden sind. In vielen Unternehmen herrscht noch eine Hürde, dass man Wissen teilen sollte und nicht für sich behalten soll.

AI	Baustein-Ansatz	Wissenserwerb	C	Ich halte ein ESN für den direkten Wissenserwerb also in Form von Schulungen eher schwierig, außer es ist ein speziell entwickeltes Feature dafür. Meist läuft so was über Erweiterungen oder eigene Software-Lösungen. Generell finde ich aber Schnittstellen sehr interessant. Man kann viel externes Wissen aus z. B. Feeds oder Trending-Sites importieren in das eigene ESN. Natürlich sollte eine intelligente Filterung vorher die Relevanz bestimmen. Ich glaube vor allem für Strategie-Abteilungen und die Produktentwicklung kann ein Import von solchen Wissen extremen Mehrwert bieten. Gegebenenfalls ist eine Kombination aus diesen Schnittstellen mit dem internen Wissen möglich. Sehr viel synergetisches Potenzial sehe ich da.
AJ	Baustein-Ansatz	Wissensentwicklung	C	Neues Wissen zu entwickeln, dass nicht in den Mitarbeitern steckt oder extern eingekauft wird, ist den meisten Unternehmen wohl nur in Abteilungen wie Forschung und Entwicklung möglich. Allerdings kenne ich viele die ein ESN in der Hinsicht nutzen, dass Projekte oder Prozesse darüber bewertet werden (Stichwort: Lessons Learned). Ein ESN lässt sich super dafür nutzen Daten von einer breiten Masse einzuholen, z. B. über eine Survey. Die Ergebnisse können im Intranet so aufbereitet werden, dass sie als Wissensentwicklung bereichernd wirken.
AK	Baustein-Ansatz	Wissensteilung	C	Der Punkt der Wissensteilung ist ganz klar eine Stärke von ESN. Und ich glaube, es ist einer der Gründe warum es aus unserem privaten Gebrauch von Social Software kopiert wurde in die Geschäftswelt. Es geht um das Teilen. Möglichst einfach, komfortabel und über mehrere Möglichkeiten. Durch das Internet werden wir überladen mit Informationen und Daten, nun müssen wir selektieren. Wenn wir das erfolgreich geschafft haben, wollen wir die Inhalte die für uns wichtig erscheinen auch anderen mitgeben. Mag es über Beiträge, Nachrichten oder einfache Kommentare als Anmerkung sein. Ich kann ganz klar sagen, ein ESN ist ein großer Mehrwert zur Wissensteilung.
AL	Baustein-Ansatz	Wissensnutzung	C	Der größte Effekt ist wohl für die Personen, die Wissen gar nicht erfahren würden, wenn es nicht im ESN vorhanden wäre. Es gibt ja verschiedene Typen und auch eine Menge die ungern Fragen stellen und versuchen sich selbst eine Lösung zu suchen und erst im letzten Schritt jemanden fragen. Ein ESN hat das Potenzial diese Wissenslücken zu schließen. Wenn gewissen Informationen schon vorhanden sind im Intranet und ein Ansprechpartner hinterlegt wurde, ist die Barriere für Nachfragen wohl geringer. Dadurch weiß man, dass man an der richtigen Adresse ist. Ich denke ein ESN ist für Basis-Wissen gut nutzbar und teilweise auch für Spezial-Wissen. Für welchen Bereich ein ESN sich besser anbietet, kann ich nicht sagen. Dafür müsste man wohl Piloten starten und diese Auswerten, obwohl es da auch schon gute Tools als Add-Ons gibt.

AM	Baustein-Ansatz	Wissensbewahrung	C	Grundsätzlich ist ein ESN ja ein großer Speicher an Informationen. Alles was dort gepostet, geteilt und abgelegt wird, bleibt erhalten. Ich würde schon sagen, dass die Bewahrung dadurch sichergestellt ist. Im Hinblick auf die Erklärung in der Theorie - also das Einteilen in Identifikation, Speicherung und Aktualisierung - arbeiten die meisten aber nicht so mit einem ESN. Vor allem der letzte Punkt ist ein Problem. Es landen Dokumente in Verzeichnissen, die sehr veraltet sind. Das sieht man manchmal erst, wenn man das Dokument schon geöffnet hat oder manchmal auch gar nicht und man geht mit falschen Informationen ins Rennen. Das ist aber ein Problem der Handhabung mit einem ESN. Das ESN ist sehr wohl in der Lage sauber zu Strukturieren und Regeln einzubauen, der Mensch vergisst es nur.
AN	Baustein-Ansatz	Wissensbewertung	C	ESN können nur Wissen bewerten, wenn ein Mensch ihnen dabei hilft und bewertet. Das muss nicht für immer so sein, sondern durch Algorithmen kann auch eine Maschine bewerten, was qualitativ gut ist oder nicht. Es können z. B. besonders häufig gelesen, geteilte oder gelikte Beiträge herausgegriffen werden und ein Experte bewertet. Die Zuordnung erfolgt durch Schlagwörter. Natürlich ist das ein Tool, was es bisher nicht standardmäßig gibt, aber eine Übertegung wert, denn bald müssen Algorithmen sortieren was ist relevant und was nicht für den Suchenden. Ich bin mir sicher, es gibt schon Anbieter die in der Dimension denken, aber das ist wohl eher als Erweiterung für bestehende ESN-Systeme.
AO	Wissensspirale	Sozialisation	C	Bei Sozialisation sind Beispiele wie persönlicher Erfahrungsaustausch oder Brainstorming genannt. Meiner Meinung nach Methoden, die man nur persönlich abbilden kann. Ich erkenne keinen Vorteil, den ein ESN bringen könnte.
AP	Wissensspirale	Externalisierung	C	Das Umformen von eigenem Wissen zu Wissen für meine Kollegen ist ja der Grundprozess von Externalisierung. Das kann durch verschiedene Medien geschehen, z. B. über Nachrichten, Microblogging, Videos, Pinnwände. Der kollaborative Charakter von ESN regt das auch an. Ich teile viel mehr mein eigenes Wissen, wenn ich sehe, dass es andere auch tun. Man will kein "Eigenbrötler" sein und sich der Gemeinschaft öffnen. Die technischen Möglichkeiten liefert das ESN auf jeden Fall. Wahrscheinlich ist da auch noch eine psychologische Komponente mit drin.
AQ	Wissensspirale	Kombination	C	Ich stelle mir das sehr schwierig vor neues Wissen zu erstellen durch die Kombination von bestehenden Dokumenten. Das ist ja nichts, was das ESN macht, sondern der Mensch. Er kann nur einen Mehrwert schaffen, wenn zwei Beiträge sich inhaltlich gut ergänzen. Die Maschine erkennt das gar nicht. Und nur weil es dasselbe übergeordnete Thema ist, muss das nicht einen Vorteil bieten. Ein ESN kann da helfen, aber den Mehrwert der Kombination wird schlussendlich vom Menschen erzeugt, der bewertet.
AR	Wissensspirale	Internalisierung	C	Das einzige Element was helfen kann, sind Videoanleitungen oder generell Schritt-für-Schritt Anleitungen in einem ESN, aber es ist kein direkter Vorteil, den ich nicht auch per E-Mail hätte oder jemand der neben mir steht und es erklärt. Ich glaube nicht, dass ein ESN da so wirklich weiterhilft, solange unsere Gedanken nicht mit einer Maschine verbunden sind.

Code		Kategorie	Bewertung	Aussage
AS	Pädagogisch-psychologischer Ansatz	Wissensrepräsentation	C	Das Wissen zu repräsentieren, darum geht es ja in diesem Netzwerk. Das ist Sinn und Zweck von ESN und deswegen stimme ich diesem Element zu. Es ist ziemlich ähnlich wie beim Baustein-Ansatz finde ich.
AT	Pädagogisch-psychologischer Ansatz	Wissenskommunikation	C	Das Weitergeben und Teilen von Informationen ist sehr einfach über Social Software und deswegen ist ESN eine gute Unterstützung für die Umsetzung dieses Punktes. Auch dieser Punkt ist ziemlich ähnlich im Baustein-Ansatz wiederzufinden. Ich verweise also auf die Wissensteilung dort.
AU	Pädagogisch-psychologischer Ansatz	Wissensgenerierung	C	Die Unterstützung von ENS bei der Wissensgenerierung ist ziemlich begrenzt. Allerdings kann ein ESN helfen bei der Generierung von Wissensnetzwerken, also die Infrastruktur dafür bieten so etwas technisch abzubilden. Momentan planen wir für einen großen Automobilkunden die intelligente Erstellung einer Knowledge-Map zum Thema künstliche Intelligenz. Ziel ist es nicht mehr selbst die Experten aus dem ESN zu filtern und daraus eine logische Clusterung zu machen, sondern die Karte soll sich je nach Einstellungen dynamisch selbst erzeugen. Sie würde natürlich anders aussehen für Experten weltweit oder nur im Raum Deutschland. Sie zeigt auch, wie viele Beiträge zu dem Thema bei den Experten jeweils schon veröffentlicht wurden. Künstliche Intelligenz ist erst ein Pilot. Bei Erfolg wollen wir das auf weitere Themen ausweiten.
AV	Pädagogisch-psychologischer Ansatz	Wissensnutzung	C	Siehe Wissensnutzung im Baustein-Prinzip.
AW	Aufbauorganisastion ESN		A	Bei meiner täglichen Nutzung des ESN ist mir bisher keine Führungsstruktur oder bestimmte Rollen aufgefallen. Aus theoretischer Sicht ist der vorherige Aufbau einer Hierarchie sinnvoll. Als Beispiel können die privaten Social Networks gesehen werden, da dort auch Moderatoren aktiv sind. Gleiches gilt für die Anfänge des sozialen Austauschs in z. B. Foren. Soziale Interaktion ist sehr häufig mit Konflikten verbunden und es muss neutrale Rollen geben, die Kommunikation lenken und optimieren. Daher finde ich die Umsetzung in meiner Organisation nicht sehr gelungen. Das ESN wird als Kommunikationsplattform und Dokumentenverwaltung genutzt, aber ich wüsste nicht, an wen ich mich wenden sollte, wenn es Probleme gibt oder ich Anregungen für eine effizientere Gestaltung habe. Ich denke, das Problem liegt schon bei der Einführung eines ESN. In der Zielgestaltung muss schon verankert sein, dass das zur Verfügung stellen des ESN nur ein Meilenstein sein kann und nicht das Endergebnis. Meiner Meinung nach sind die Lizenzkosten für ein ESN zu hoch, um es danach nicht weiter zu optimieren. Je nach Unternehmen braucht das ESN spezifische Anpassungen je nach Größe, Kultur und technologischen Hintergrund.

AX	Aufbauorganissation ESN	B	Ein ESN ist durch die Anreicherung von Social Network Funktionen zu einer Plattform geworden, die sich grundsätzlich nicht selbst reguliert bzw. nur in einer unbestimmten Weise. Das ist für den professionellen Einsatz in einem Unternehmen nicht sinnvoll und benötigt daher Rollen, die Benutzer lenken, aktivieren und ggf. auch Sanktionen verhängen können. Ein konkretes Governance-Modell gibt es in meinem Unternehmen dazu nicht. Generell wird unser Produkt Sharepoint im Tandem zwischen der fachlichen IT-Abteilung und dem Knowledge Management gelenkt. Das ursprüngliche Intranet, ohne die zahlreichen ESN-Funktionen, wurde dagegen von der Unternehmenskommunikation gelenkt. Klar definierte Rollen wie Community Manager gibt es so nicht. Jeder neue Workspace, der eröffnet wird hat mindestens einen bis zwei Site-Owner, die als eine Art Local Community-Manager fungieren. Bisher ist das eine Mischung aus Fachabteilungen und oft auch aus Mitarbeitern des Knowledge Managements. Generell werden alle Rollen von Mitarbeitern aus dem Knowledge Management inoffiziell ausgeführt bis genügend Kollegen aus den fachlichen Abteilungen sich eigenständig der Rolle abnehmen. Daher gibt es sogenannte Ambassadoren nicht. Es ist schwierig, die Bereichsleitung zu überzeugen, dass es neben der kostenintensiven Infrastruktur auch spezielles Personal in bestimmten Rollen geben muss für ein erfolgreiches ESN. Daran arbeiten wir noch.
AY	Aufbauorganissation ESN	C	Unsere Produkte werden meistens vom Mittelstand oder Start-ups in Anspruch genommen. Letztere wissen häufig gar nicht genau wie die eigentliche Führungskultur bei ihnen aussehen soll. Daher beschäftigt sich auch keiner damit ein Modell alleinig für das ESN aufzusetzen. Bei der Beratung regen wir allerdings an Rollen, wie Community Manager, zu besetzen. Die meisten werden "ehrenamtlich" eingesetzt und machen das neben ihrer Haupttätigkeit. In Zukunft sollte so etwas in der Rollenbeschreibung bei Jobs integriert werden. Ein ESN ist meiner Meinung nach nicht nur ein Tool, sondern eine eigene Community. In den Rollenbeschreibungen für Jobs steht ja auch welche sozialen Skills ein Mitarbeiter mitbringen soll oder z.B. z. B. dass ein engagierter Einsatz in Best-Practice-Gruppen erwartet wird. Genauso sollte auch in der Beschreibung stehen, dass das Übernehmen einer Rolle in ESN erwartet wird z. B. als Influencer für ein besonderes Fachthema. Eventuell wird in der Beschreibung dann mehr bewusst, welchen Stellenwert ein ESN hat. Generell muss dieses Wertgefühl aber von der Führung ausgehen. Nur dann ist es authentisch und die Unternehmenskultur wird automatisch die Relevanz erkennen.